KB027919

처음 시작하는 초등 교사
학교생활 가이드북

처음 시작하는 초등 교사

학교생활 가이드북

전문적 학습공동체 신·명·나 지음

다블북

발간사

처음은 누구에게나 설렘, 떨림, 기대를 갖게 합니다. 하지만 임용 후 학교에 부임하면, 그 설렘, 떨림, 기대의 열정이 힘듦으로 바뀌는 데는 며칠 걸리지 않습니다.

첫 발령을 받았던 1989년 3월의 제가 그랬듯 매년 3월의 신규 선생님들도 마찬가지일 것입니다.

2월의 기대가 3월, 4월을 지나 1학기를 끝나갈 무렵엔 '내가 생각하는 대로 왜 안 되지? 나만 그럴까?' 교사로서 능력에 대한 회의감마저 들고, 학교생활에 지쳐 아이들과 마찬가지로 방학을 기다리게 됩니다. 방학이 지나면 좀 더 나아질 것이라는 희망도 잠시, 수업과 행사로 반복되는 2학기는 또 그렇게 마무리되어 갑니다.

해마다 상황은 조금씩 달라지겠지만 교실 속 교사의 고민은 반복됩니다.

반 아이들을 책임져야 하는 담임이지만 때로는 누군가에게 어리광도 부리고 싶었고, 도와 달라 신호를 보내면 늘 달려가 함께 공감해주는 선배가 되고도 싶었습니다.

'선생님이 낯선, 학교가 낯선 선생님들에게 기댈 수 있는 언덕이 있었으면!'

만나다

2017년 가을 '목포교육지원청 초등학생 인문고전캠프' 운영 교사로 우리의 첫 만남은 시작되었습니다. 수많은 고민과 시행착오를 거쳐 '장원급제 나야 나!', '초성 배틀왕', '기차 속 토론', '계란이 왔어요 계란이!', '하동 십리 벚꽃길 버스 토론', 비 오는 화개장터에서의 '보물찾기', '희망 책 만들기', '캠프 유튜브', '캠프돌아보기 영상' 등 우리들만의 프로그램을 만들었습니다.

실수로 기차에 놓고 내린 자료를 포기하지 못하고 기어이 다음 역에서 캠프장까지 퀵서비스로 받아 저녁 프로그램을 진행하는 열정을 보이며, 인문고전캠프 2기와 3기를 운영했습니다.

신·명·나로 거듭나다

2019년 학교 밖 전문적 학습공동체 신·명·나(신규교사를 위한 명랑한 선배들의 나눔공동체)

아이들 이야기, 교실 이야기에 제일 신명나는 우리는, 서로의 고민에 각자의 경험을 보태며 서로에게 기댈 수 있는 든든한 언덕이 되어주고, 낯선 학교 안에서 힘들어하는 선생님들에게 배움을 나누어주고 싶었습니다. 그래서 교사, 교무행정사, 특수교사, 교감 등 다양한 구성원으로 다시 모이게 되었습니다.

신·명·나게 나누다

신·명·나로 거듭나는 동안 우리들은 어느새 4년~17년차 선생님, 전문직, 교장으로 각자의 분야에서 끊임없는 성장을 하는 선배가 되었습니다.

우리들의 성장의 경험치를 공유하는 나눔을 위해 2019년을 시작으로 2020년 2021년 신·명·나 주관 입직기 신규 교사 연수를 시작했습니다.

힘들지만 진솔한 마음을 그대로 실어 함께 나누고 고민하며 나아가는 '나도 신규다', 선후배를 넘어 교육적 고민을 나누고 전달식 강의가 아닌 함께 배워나가는, '이야기가 있는 교실 만들기', '고민과 위로로 만들어가는 교실', '느리게 가는 편지' 등 진솔한 이야기들로 서로의 마음을 토닥였습니다. 무르익은 가을을 3번째 보내며 신규 교사들의 학교 적응과 성장을 도왔습니다.

3번의 입직기 신규 교사 연수 후 '학교생활의 어려움을 해결하는데 실질적인 도움이 되었어요.', '비슷한 고민을 가진 선생님들을 만나 소통하는 것이 좋았어요.', '저희를 위해 노력하는 선배들의 모습에 감동을 받았어요.'라는 후기를 남겼습니다. 그렇게 신·명·나는 성생님들의 성장터가 되었습니다.

신·명·나 다시 뛰다

'우리가 저자가 된다고요?', '가능할까요?'라며 주저했지만, 교실이 행복하기 위해, 교실이 따뜻하기 위해, 교실이 편안하기 위해, 교실 속 끊임없는 고민과 어려움을 함께 하기 위해 책을 엮기로 마음을 먹었습니다.

'신규 교사 입직기 연수 프로그램', '배움·나눔 꿀tip꿀tip마켓' 프로그램 '2021년, 2022년 전학공배움나눔 한마당 부스' 운영 자료들을 모아, 전라남도교육연구정보원 「교실혁신 전남교사, 한 권의 책이 되다」의 책 저자되기 출판 대상 공모에 신청하게 되었습니다.

신·명·나는 한 해 한 해를 채워나간 교실 속 같은 이야기, 교실 속 같은 경험으로 한쪽 한쪽을 채웠습니다. 1부는 학급경영, 2부는 생활지도, 3부는 수업, 4부는 업무로 구성했습니다.

누구나 겪을 수 있는 우리 옆 반 선생님의 이야기, 아니 우리의 이야기입니다. 서로의 고민에 각자의 경험 한 스푼을 더했습니다. 이 책을 통해 같은 곳을 향해 선·후배가 함께 걷는 걸음으로 이어지기를 바랍니다.

신·명·나로 이어지다

신·명·나는 빛입니다. 우리가 내는 작은 빛으로 선생님들과 이어지고, 또 작은 빛을 함께 나눕니다. 하나둘씩 이어지는 작은 빛이 모여 언젠가는 세상을 밝게 비추는 더 큰 빛으로 이어지기를 소망합니다.

바쁜 학교생활에도 기꺼이 함께 고민하고, 새로운 나눔에 믿고 따라준 신·명·나 회원, 주말과 방학에도 신·명·나라면 언제든 OK를 외쳐주던 신·명·나 회원들의 가장 큰 지지자인 가족들에게도 감사를 전합니다.

이 책을 통해 처음이 어렵고 학교가 낯선 선생님들이 끝없는 고민에 혼자 쓰러지지 않고 언제든 도움 받아, 공유하고 발전해 나가는 멋진 선생님이 되시길 바라며, 하나 되어 모은 손으로 신·명·나는 언제나 응원하며 함께 하겠습니다.

백현영 전문적 학습공동체 신·명·나 회장,
북평초등학교 교장

차례

수업

수업의 최강 아이템 장착 가이드

업무

'복무 상신'부터 정산, 초과근무신청 등 행정업무 가이드

1부

학급경영

교사, 학생, 학부모가 함께하는 학급경영 가이드

학급경영, 경영이라고 하면 거창하고 체계적인 무엇인가를 떠올리게 된다. 나도 처음엔 그랬다. 학급을 잘 관리하는 것이 곧 학급경영이라고 생각했다.

학교에 가면 한 시간 한 시간의 수업시간을 준비하고 마무리하기에 바빴고, 아무 일 없이 조용하게 하루를 넘기는 것에 감사했다. 대학생 때 교생실습을 나가면 학생들의 초롱초롱한 눈망울을 보며 '나는 이런 선생님이 되어야지'라고 로망을 품었다. 하지만 현실은 너무 달랐다. 발령 후에는 '처음'이라는 이유로 매일매일 바쁘고 서툴렀지만, '처음'이라는 열정으로 열심히 보냈다.

3년이 지나고 1급 정교사 연수를 받았지만 아직 정리되지 않은 것들 때문에 머릿속은 안개 속 같았고 혼란했다. 그때까지도 '학급경영'이라는 것은 막연하게 교사가 교실을 잘 관리하고 운영하는 것이라고 생각했다. 그러나 '경영'은 혼자 하는 것이 아니다. 경영은 교사, 학생, 학부모 모두가 함께하는 것이다. 학급경영은 교사가 혼자 할 수 있는 학급 '관리'가 아니다.

학급을 잘 경영하려면 어떻게 해야 하나? 학급경영 주체들이 함께 성장하기 위해 무엇을 해야 할지 생각하고 매 순간 '난, 어떤 교사인가?' 하며 되돌아보아야 한다.

1장

어떻게 준비할까?
2월~3월

학급세우기(2월): 학급경영, 그 시작의 첫걸음은 2월에 시작된다

● ● ●

학교는 2월이 되면 새 학기 준비기간을 가지며 3월 개학을 준비한다. 학교마다 조금씩 차이는 있지만 새 학년의 시작을 앞두고 대략 일주일 정도의 시간이 있다. 이때 학급과 업무가 결정된다. 이 시기에 조금 일찍 준비하면 좀 더 여유롭게 학생들을 맞이할 수 있다.

○학년 ○반 담임, ○○○○ 업무 배정. 설레었던 마음은 잠시, 해야 할 일들이 순식간에 몰려든다. 일주일의 준비기간에 차근차근 준비를 해두면 학생들을 만나서 멘탈이 탈탈 털리고 안드로메다를 헤매는 우주 미아는 되지 않을 수 있다.

작년에 이 학교에 근무했던 부장 선생님은 "○○○은 좀 힘들고, ***는 에이스지~"라며 학생들에 대해 잘 알고 있는 것 같고, 새로 온 옆 반 선생님은 "###는 어때요?" 하며 이것저것 정보를 수집하기에 여념이 없다.

내가 받은 명단에는 학생 이름과 작년 반이 전부. 아무것도 없다. 어떡하지? 전 담임선생님이나 동료 교사에게 학생에 대한 이야기를 들을 수 있으면 좋겠지만 아니어도 괜찮다. 걱정하지 말자. 이제부터 하면 된다.

◆ 학생들 만날 준비: 학생 기초자료 정리하기

학생의 정보를 미리 한글파일이나 엑셀 등 내가 보기 편한 방법으로 정리하자. 정리한 학생 기초 자료는 컴퓨터와 핸드폰 모두에 저장하면 좋다. 수시로 필요한 상황이 생기기 때문이다. 당장은 전년도 학년 반과 이름밖에 정보가 없다. 나중에 학생에 대한 기본 정보가 모아지고 나이스 시스템이 열리면 생년월일, 주소 등을 내려 받아 그 파일에 학생, 학부모 연락처를 추가하여 저장하자. 학기 초뿐만 아니라 1년 동안 학급의 상황을 안내하고 학부모 또는 학생과 연락할 일이 자주 생기므로 언제든 찾아보기 쉽게 저장하면 선생님에게 큰 도움이 될 것이다. 급할 때 한 명씩 찾아 추가하면 시간이 많이 걸리고 꼭 한 두 명 빠지는 경우도 생기기 때문에 시간 여유가 있는 2월에 미리 해두는 것이 도움이 된다. 또 학생이나 학부모의 연락처가 잘못 적힌 경우도 있기 때문에 정확한 연락처인지 한 번 더 확인하자.

◆ 소통창구 만들기

교실 밖에서도 학생·학부모·교사가 함께 소통할 수 있는 창구를 만들어 놓자. 쉽게 연락을 주고받을 수 있는 카카오톡부터 접근성이 높은 밴드, 학생들을 보다 쉽게 관리할 수 있는 클래스팅, Class123, 클래스룸 등에서 교사가 익숙하고 편한 것을 골라 쓰면 된다.

학생과 일대일 또는 반 전체와 소통할 수 있는 창구는 교사가 전달 사항을 전할 때뿐만 아니라 평소 학급의 분위기를 파악하고 아이들의 대화 속에서 정보를 얻을 때에도 유용하게 사용할 수 있다.

학부모와의 소통 창구로도 SNS는 널리 사용된다. 학부모마다 연락하는 시간이 달라 퇴근 후에는 부담이 되는 경우도 있지만, 교사는 전달받을 정보보다는 전달해야 할 정보가 더 많은 편이다. 학부모 개개인과의 연락은 물론, 학부모 전원에게 안내문을 전달할 수 있는 단체 대화방이나 그룹메시지 등을 개설하여 3월에 안내하면 좋다.

SNS를 활용하면 평소 학교생활 모습이나 교육활동 안내 사항을 가정에 보내기도 편리하다. 자칫하면 댓글 때문에 서로 부담이 되는 경우가 생기기도 하므로, 되도록 댓글 기능은 차단하는 편이 좋다. 또한 꼭 필요한 말은 학부모가 교사에게 개인적으로 연락하도록 안내한다.

◈ 담임선생님 소개, 학교생활 안내 준비하기

선생님이 학생과 학부모에 대해 알고 싶은 것보다 그들이 교사에 알고 싶은 마음이 더 크다. 학부모의 입장이 되어보자. 내 자녀가 처음 만나 1년을 함께 보내야 할 담임교사는 어떤 사람일까? 궁금하고 우리 아이가 좋아하는 선생님이면 좋겠다는 기대를 하게 된다. 내가 학생에 대해 알아야 하는 만큼 교사에 대한 정보도 알려주자. 그리고 1년 동안 어떻게 가르칠 것인지에 대한 안내를 하자. 학년 초에 학부

앞면(사진_학급경영1)   뒷면(사진_학급경영2)

모들의 불안감을 해소하고 교사를 긍정적으로 볼 수 있게 만든다. 학
부모의 전폭적인 지원과 믿음의 씨앗을 심어 놓으면 그 속에서 학생
과 교사, 교사와 학부모의 관계는 더욱 돈독해질 수 있다.

　학급 가정통신문에는 기본적인 하루 학급 활동, 생활지도의 기준,
학급규칙, 학급커뮤니티 안내, 출결처리 방식, 급훈, 상담방법 등 1년
동안의 학교생활의 모습을 짐작할 수 있는 내용을 넣는다. 그리고 이
모든 것에는 교사의 교육관이 깃들어 있어야 한다.

학급경영 시작학기(3월): 수업보다 먼저 무엇을 해야 할까?

● ● ●

　'3월이 제일 중요하다.'

　대학생 시절 학교 현장에서 학생들을 가르치고 있는 선배들을 만
나면 종종 들었던 말이다. 신규 교사로 발령받은 후 주변 선생님들에
게 자주 들었던 말이기도 하다. 그리고 학급경영 관련 서적들에서 심
심찮게 보였던 문구다.

교실에서 학생들을 처음 만난 날부터 한 달 동안 학생들 앞에서 한 번도 웃지 않으려고 노력했다. 학생들이 공부를 열심히 해도 흐뭇해 하지 않았고 어려운 과제를 해결한 뒤 내 앞에서 자랑해도 크게 반응하지 않았다. 반면 학생들이 어쩌다가 한 번씩 친구들과 싸우거나 소란을 피우며 질서를 지키지 않을 때면 내가 세상에서 가장 무서운 선생님인듯이 화난 표정을 짓고 진지한 말투로 훈계했다. 당연히 학생들 사이에서는 '우리 반 선생님은 우리를 혼내려고 기다리는 사람 같아.', '수업시간에 집중 안 하면 큰일 나.'라는 말들이 퍼졌다. 심지어 옆 반 학생들까지 '5반 선생님이 우리 학년에서 제일 무섭대.'라고 수군거렸다. 그렇게 나는 학생들의 군기를 잡으며 교사 생활을 시작했다.

학생들이 모두 하교하면 나는 학급을 예쁘게 꾸미는 데 시간을 많이 보냈다. 교장, 교감 선생님께서 학급환경을 어떻게 꾸몄는지 순회하며 보신다기에 3월에는 깜깜한 밤에 퇴근하는 날도 종종 있었다. 오리기, 풀칠하기, 코팅하기, 배치하기 등 교실 내 수공업은 시간을 잡아먹는 괴물이었다. 다행히 노력한 만큼 학급환경은 꾸민 티가 났지만, 그것은 전혀 중요한 게 아니었다는 사실을 나중에 알게 되었다.

◆ 소통은 어떻게 해야 할까?
▷ 학생과 소통하는 방법
3월의 첫 날은 이름 외우기 놀이

모든 만남이 중요하겠지만 특히나 학생들과의 첫 만남은 무엇보다 중요하다. '어떤 아이들이 있을까?', '나의 교실은 어떤 이야기와 어떤 인연들로 채워질까?' 처음 교직에 들어섰을 때부터 3월의 첫 날은 설렘과 기대, 두려움, 떨림이 공존했던 것 같다. 물론 14년이 지난 지금도 첫 만남은 여전히 긴장되고 떨린다. 출근 전 날 잠도 잘 이루지 못할 만큼 말이다. 이 글을 읽고 있는 초등 신규 선생님들도 그 날이 떠오를 것이다. 무슨 말을 먼저 꺼내야 할지, 내 소개는 어떻게 해야 할지, 갖가지 생각들로 잠을 설쳤던 그 날이 말이다. 임용을 준비하고 교직에 서면서 나는 어떤 선생님이 되고 싶었는지 생각해보자.

친구 같은 선생님, 부모님 같은 선생님이 되고 싶을 것이다. 물론 단순한 직장인으로서 교사의 삶을 꿈꾸고 교직에 들어온 선생님들도 많다. 하지만 이유가 어쨌든 간에 선생님은(특히 초등학교 담임선생님) 학생들의 하루 중 4분의 1을 함께 하는 사람이다. 1년을 함께 보내면서 담임교사의 색깔로 물들어 있는 학생들을 바라보면 나에게 주어진 책임감이 얼마나 막중한지 그 무게를 생각하게 된다.

학생들에게 있어 담임선생님이 누구인가는 매우 중요한 문제겠지만, 교사에게 있어서 우리 반 학생들과 어떤 사이로 지내는가는 심각하게 중요한 문제다. 좋은 관계를 맺는 것이 무엇보다 중요한데 그 관계의 출발점이 바로 3월의 첫 만남이다. 아이들과 관계를 잘 맺기 위해서는 아이들의 이름을 불러주는 것이 매우 효과적이다.

교사: "저기, 너 누구였지? 아, 맞다! 석준이었지?"

학생: "저 준수인데요."

이름을 잘못 불렀을 때 학생들의 실망하는 눈빛을 본적이 있는가? 반면 "저 누군지 알아요?"라고 학생들이 물었을 때 "알지, 너 준수잖아."라고 선생님이 이야기했을 때 행복해하고, 어깨가 으쓱해지는 아이들의 표정을 본적이 있는가? 누군가의 얼굴과 이름을 기억한다는 것은 그 사람에게 관심을 갖고 있다는 뜻이고, 나에게 소중한 존재라는 뜻이 된다는 것을 아이들도 느끼기에 그렇게 행복해 했으리라 생각된다. 3월 초 여러 가지 방법으로 자신을 소개하고, 이름표를 만들어 붙이고, 올 해 목표를 적어보는 다양한 활동을 한다. 그런 활동에 더하여 학생들의 이름을 빨리 외울 수 있는 재미있는 꿀팁을 '이름 외우기 놀이'를 16쪽에 담았다.

학생들의 이름을 단순히 암기하기보다는 이렇게 놀이를 통해 외우고, 즐기다보면 학기 초에 긍정적인 학급분위기를 형성할 수 있을 뿐만 아니라 서로의 이름에 더 많이 집중할 수 있다.

학생들의 작년 이야기 듣기

교사가 학생들의 생각을 잘 파악할수록 1년 동안 학급을 효과적으로 운영할 수 있다. 그런데 새로 담임교사가 된 3월에는 아직 학생들과 함께 한 시간이 적은 만큼 학생들의 생각을 구체적으로 알아내기는 어렵다. 따라서 학년 초에 작년 학교생활 대해 이야기를 나눠보는 활동을 추천한다. 이야기 속에서 학생들이 담임선생님의 어떤 모습을 선호하고 또 어떤 모습을 선호하지 않는지 자연스럽게 알 수 있다. 또 어떤 상황에서 행복해 했고 또 어떤 상황에서 힘들어했는지도 알 수 있다.

<이름 외우기 놀이 하는 방법>

먼저 4~5인이 한 조가 되도록 모둠을 구성한다. 그 후 차례대로 자신에 대해 소개한다. 아이들이 이름, 특기, 장래희망, 좋아하는 음식 등을 소개하는 동안 선생님은 아이들의 이름을 칠판에 무작위로 적는다. 소개가 끝나면 아이들에게 A4 용지를 8등분한 종이를 이름의 글자 수만큼 나누어준다.(이름이 두 글자이면 2장, 세 글자이면 3장, 네 글자이면 4장 등) 아이들은 자신의 이름을 종이 한 장에 한 글자씩 적고 두 번 접는다. 선생님은 아이들이 이름을 쓰고 접은 종이를 한 바구니에 모은다. 이제 모둠에서 한 명씩 나와서 한 글자씩을 가져간다. 모두가 골고루 참여하기 위해서는 모둠 원의 번호를 미리 부여하는 것이 좋다.

<모둠 인원에 따른 모둠 번호 부여 예시>

이때 우리 반에서 이름이 가장 긴 학생의 글자 수가 아이들이 그냥 뽑아가는 글자 수의 기준이 된다. 예를 들어 우리 반에서 이름이 가장 긴 학생의 이름이 「김석준」이라면 각 모둠에서는 ①번 학생이 나와서 한 글자를 가져간 후 펼쳐서 모둠원이 확인하고, 각 모둠의 ②번 학생이 나와서 한 글자를 가져간 후 확인하고, ③번 학생이 나와서 한 글자를 가져가고 확인하게 된다. (만약 우리 반에서 제일 긴 이름이 4글자라고 한다면 각 모둠의 ④번 학생까지는 교체 없이 글자를 가져오기만 한다.) 모둠 학생들은 자신들이 뽑은 글자로 만들 수 있는 이름이 있는지 확인한다. 이때 아이들은 우리 반 학생들의 이름이 무엇인지 다 외우지 못한 상태이기 때문에 교사가 칠판에 적어 놓은 이름을 보고 확인한다. 모둠원이 조합한 글자가 「김」 「영」 「준」이라면 학생들은 회의를 통해 한 글자를 교체할 수 있다. 어떤 글자를 교체할지 정한 후 각 모둠의 ④번 학생의 차례가 되었을 때 교체하고 싶은 글자가 적힌 종이를 다시 접어 바구니에 반납하고, 새로 한 글자를 뽑아와 이름을 조합한다.(우리 반에 「김석준」이라는 학생과 「김준수」라는 학생이 있다고 생각하면 가장 필요 없는 글자는 무엇일까? 아마도 「영」자를 반납하고, 「석」이나 「수」가 나오기를 간절히 바랄 것이다.) ④번 학생 이후로는 학급 학생의 이름이 완성 될 때까지 각 모둠에서 한 명씩 나와 한 글자를 반납하고, 새로 뽑아가는 활동을 반복한다. 이렇게 활동을 반복하다가 「김준수」라는 글자를 모둠에서 완성하게 되면, 모둠 친구들은 다함께 「김준수」라고 생각되는 학생을 찾아가 인사한다.

인사를 받은 친구가 준수가 맞는다면 서로 이렇게 인사한다.

1모둠 친구들: "준수야, 안녕? 만나서 반가워."

준수: "안녕? 나도 반가워."

만약 인사를 받은 친구가 준수가 아니라면 이렇게 인사한다.

1모둠 친구들: "준수야, 안녕? 만나서 반가워."

석준: "미안해, 난 준수가 아니야."

1모둠 친구들: "미안해 친구야, 네 이름은 뭐니?"

석준: "내 이름은 석준이야."

1모둠 친구들: (다른 사람들을 향해) "준수야 어디 있니?"

준수: (손을 든다.)

1모둠 친구들: (준수를 향해 다가가서) "준수야, 안녕? 만나서 반가워"

준수: "안녕? 나도 반가워."

이 과정을 통해 1모둠 아이들뿐만 아니라 다른 모둠 친구들도 김준수와 김석준의 이름을 기억하게 된다. 왜냐하면 만약 자신의 모둠이 「김준수」와 「김석준」의 이름을 완성하였을 때 찾아와 인사를 해야 하기 때문이다. 이렇게 인사까지 끝마치면 모둠은 정해진 점수를 획득하고 완성한 세 글자를 접어 반납하게 된다. 그리고 다시 순서대로 나와 세 글자를 집어가고, 네 번째 순서에서 한 글자를 교체하여 이름을 외우는 활동을 반복한다. 정해진 시간 동안 많은 친구들의 이름을 완성하고, 친구를 찾아가 인사를 나누는 모둠이 우승하는 놀이이다.

학생 상담주간 운영하기

학생 상담주간은 학부모 상담에 비해 별다른 준비 없이 대화의 시간을 갖게 되기도 한다. 그마저도 학생들과 이런 대화의 시간을 제대로 보내면 다행이다. 한창 바쁜 시기라 그냥 넘겨버리게 되는 경우도 허다하다. 학기 초 학생 상담주간을 준비하자. 학부모 상담을 통해 알게 되는 학생과는 또 다른 모습을 알게 될 것이다. 학생들이 어떤 과목을 좋아하는지, 하고 싶은 일은 무엇인지, 요즘 즐거운 일은 무엇인지, 고민이 무엇인지 등의 대화시간으로 친밀감도 쌓고 내가 학생에 대해, 학생이 나에 대해 조금씩 알아가며 마음을 열 수 있도록 하자.

▷ 학부모와 소통하는 방법
학부모 상담주간 활용하기

한 학기에 한 번 있는 상담주간에는 학생과 학부모 상담이 이루어진다. 몇 년 동안 코로나로 인해 학부모와의 대면 상담이 많이 줄어들긴 했지만 어떤 방법이든 매번 부담이 된다. 학부모 상담은 사전에 적절한 시간을 정하고 상담 전 어느 정도의 준비가 필요하다. 학부모 상담과 관련한 내용은 뒷장 생활지도 편에서 자세히 다루겠다.

학급 이야기 알려주기

부모는 학교에서 우리 아이가 무엇을 배우는지, 친구들과는 어떻게 지내는지 등 매일이 궁금하다. 교사가 할 수 있는 적절한 주기를 선택하여 학급의 소식을 알려보자. 학생들이 직접 만드는 학급신문도 좋고 문자나 밴드에 간단한 글과 사진으로 교사가 직접 안내해도 좋다. 간혹 사진이 마음에 안 들거나 내 아이만 없어서 서운해 하는 학부모가 생기기도 한다.

'내 아이가 없다고 서운해 하지 마세요. 활동 중 자연스럽게 찍힌 사진입니다.', '사진과 글에 코멘트가 필요하시다면 제 개인 문자로 주세요.', '아이들과 즐겁게 활동하느라 사진을 자주 찍기는 어렵습니다.' 등의 안내를 미리 하면 불만과 오해를 줄일 수 있다.

하루에 한 명씩 학생의 칭찬할 점을 찾아서 전달하는 방법도 좋다. '음악시간에 짝에게 리코더 운지법을 친절하게 알려주는 도윤이를 보니 마음이 따뜻해집니다.', '소연이가 국어 시간에 친구들 앞에서 호랑이 역할을 멋지게 해내 박수를 받았습니다.' 등 구체적인 상황을 간단히 한 문장 정도로 알려주면 내 아이에 대한 선생님의 관심을 느끼게 할 수 있다.

적당한 거리 유지하기

학부모와의 대화에서 자칫 다른 학생이나 교사의 개인정보, 학교 내부 문제나 상황 등 지나치게 많은 이야기를 하게 되는 경우를 주의해야 한다. 학생과 그 학생 주변의 상황에 대한 이야기가 자칫 다른 이들의 험담이 되어 문제가 생길 수 있기 때문이다.

또한 퇴근 후 연락은 위급한 상황에만 하는 것으로 약속하고 연락이 가능한 적절한 시간을 미리 학부모에게 안내하면 밤늦게 오는 전화나 문자 때문에 힘들 일이 줄어든다.

▷ 동료교사와 소통하는 방법

함께하기

　같은 길을 걷는 옆 반 선생님은 나에게 큰 버팀목이다. 적게는 1년 많게는 4년을 한 학교에서 함께 보내게 된다. 좋은 것을 공유하며 나누고 힘든 일을 이야기하며 해결방법을 찾을 수 있다. 긍정적인 마음으로 항상 옆 반 선생님과 함께 하자. 즐거운 일은 배가 되고 힘든 일도 아무것도 아닌 것이 될 것이다.

　동료 교사들의 조언은 사실이지만 진리는 아니다. 내 것을 찾자. 5명의 주변 선생님들과 학급경영에 대해 이야기를 나눠보면 5개의 각기 다른 방법들을 들어볼 수 있다. 그리고 그 방법들은 전부 옳은 경우가 많다. 그 선생님들은 각자 나름의 합리적인 이유를 갖고 학급을 운영하고 있기 때문이다. 그러나 그 모든 방법을 내 것으로 하려다가는 황새를 따라가다 다리가 찢어지는 뱁새가 되기 쉽다. 다른 선생님들의 방법을 그대로 다 따라 하기보다 그 방법을 나의 스타일로 변형시켜서 우리 반에 적용하자. 스스로 끊임없이 반추하며 학급을 자신만의 방법으로 경영한다면 더할 나위 없이 좋다.

◈ 공간은 어떻게 만들어야 할까?

　신규 발령을 받고 몇 달 후, 출장으로 인해 교감 선생님께서 우리 교실에 들어오셨다. 다음 날 학생들에게서 들은 이야기는 충격적이었다.

　"선생님! 교감 선생님이랑 6교시에 교실 청소했어요!"

　아니, 내 눈에는 충분히 깨끗해 보이는데, 아이들의 눈에는 과연 어떻게 보이는 것일까?

학생들은 주변 환경에 많은 영향을 받는다. 평소 지저분한 교실은 관리하고 가꾸어야 하는 공간이 아닌 쓰레기를 아무 데나 버려도 되는 공간이 된다. 한편 깨끗하고 잘 정리된 교실에 들어가면 편안함을 느끼고 기분이 좋아진다. 교실은 교사 혼자가 아닌 학생들과 함께 사용하는 공간이며, 하루를 보내는 동시에 배움이 이루어지는 공간이다.

평소 나의 습관보다 더 꼼꼼히 눈여겨보고 학생들에게 스스로 청소하는 습관을 길러주어야 한 해 동안 교실을 잘 관리해나갈 수 있다.

▷ 청소하기

청소는 원활한 교실 수업을 위해 꼭 필요하다. 교실이 지저분하면 주의력이 분산되고, 학생들 호흡기에도 부정적인 영향을 미친다. 청소 전 더러운 교실과 청소 후 깨끗한 교실을 학생들이 눈으로 직접 비교하면서 청소하면 교실 청소의 필요성을 직접 느낄 수 있다. 청소는 고정된 시간을 정해서 꾸준히 할 수 있게 계획하고, 일정한 청결도를 유지하도록 한다.

▷ 정리하기

청소 다음으로 중요한 것이 정리정돈이다. 학생·교사마다 개인차는 있겠지만 정리가 잘 된 교실을 싫어하는 사람이 있을까? 1년을 사용할 교실을 받고 나면 교실 앞, 뒤에서 한번 둘러보자. 가구 배치는 잘 되어 있는지, 학생들 책상과 의자 사물함은 문제가 없는지, 너무 더럽거나 낡아서 바꿔야 할 곳은 없는지. 불편하거나 더러운 것을 바꾸지 않고 시작하면 더러운 상태로 1년이 지나간다. 학기를 시작하기 전에 바꿀 수 있으면 좋고 안 되면 학기 중에 꼭 바꾸고 개선하도록 하자. 화려하게 꾸미지 않아도 일단 정리가 되면 절반 이상은 성공한 것이다.

▷ 관리하기

교실을 학습결과물이 누적되어 함께 공유할 수 있는 배움의 장으로 활용하자. 탈부착이 용이하고 학생들 눈높이에서 활동이 가능하면 좋다.

어떤 교사는 학급환경을 매우 멋지게 구성하고 또 어떤 교사는 학급환경을 화려하면서도 단정하게 구성한다. 또 어떤 교사는 자신만의 심미적 감수성을 잘 활용하여 누가 봐도 예쁜 교실을 만들어낸다. 그러나 그렇지 못한 교사들도 많다. 혹시 내가 그런 교사들 중 한 명이라면 너무 걱정하지는 말자. 교실은 학생들을 가르치는 장소다. 학급환경은 학생들의 자존감을 높여줄 수 있도록 꾸며져야 한다. 1년 동안 한 단계씩 여러 가지 활동을 통해 세상을 배워나가면서 만들어낸 산출물을 모아보면 그 양은 어마하다. 이것을 칠판, 창문, 벽 등에 게시하는 것만으로도 학급환경 구성의 목적을 달성할 수 있다. 학급환경을 꾸밀 때는 좋은 의도를 반영해서 쉽게 하자.

메모홀더 활용

학생들의 작품과 포트폴리오, 학습지 등 수업마다 나오는 학생들의 결과물이 많이 쌓이게 되면 짐이 된다. 또 매번 그냥 가정으로 보

내버리면 버려지게 된다. 게시와 수납의 효과를 동시에 보기 위해서 추천하는 아이템은 메모홀더이다. 특대형은 4절 도화지까지 게시가 가능하고 메모홀더에 이름을 붙여 학습결과를 게시하고 개인 작품이나 활동지를 누적해서 사용할 수 있다.

이름표 자석 집게 활용

학생 수가 많을 때 특히 효과적이다. 칠판 앞에 붙여두고 활용하면 학습활동 결과를 공유하거나 발표, 모둠활동 순서 정하기, 안내장 제출 확인 등 다양하게 사용할 수 있다. 자석형이 아닌 집게형 이름표는 교실 뒤 게시판에 부착하여 사용할 수도 있다.

▷ 학교 공간 활용하기

우리 학교에는 무엇이 있을까? 몇 년 전 나는 매달 동아리 활동으로 요리 수업을 했다. 당시에 그 학교에 근무한 지 이태 되던 해였지만 어떤 교실과 교구가 있는지 제대로 알지 못했다. 솔직히 그때는 그것만 알아도 충분하다고 생각했다. 그래서 매번 요리 수업을 교실에서 진행했다. 그러다 보니 요리 수업을 할 때마다 음식 냄새 때문에 옆 반 선생님과 학생들에게 미안한 마음이 들었고, 학생들이 세면대에서 재료를 씻다가 세면대가 막히는 일이 빈번하게 발생하기도 했다. 그러던 중 한 선생님께서 우리 학교에 조리 실습실이 있다고 말씀해주셨다. 조리 실습실은 학교 후관 가장 안쪽에 있어서 평소에는 학생들은 물론, 교사들의 발길도 뜸한 곳이었다. 그곳에는 여러 개의 싱크대는 물론, 인덕션 및 조리 기구가 구비되어 있었다. 조리 실습실의 존재를 알고 나서 옆 반 선생님과 학생들에게 더욱 미안한 마음이 들었다.

초등학교는 담임 수업이 주가 되는 만큼 대부분 수업이 한 교실에서 운영되는 경우가 많다. 그런 만큼 수업 교구도 주로 교실에 비치되어 있는 것을 활용하게 되고 다른 교실을 활용할 일이 많지 않다. 하지만 학교에는 생각보다 다양한 교구와 의외의 수업 장소가 있는 경우가 많다. 방과 후 시간이나 교담 시간에 학교를 둘러보자. 학교 곳곳에 숨어있는 새로운 교실이나 나에게 필요한 교구를 찾다보면 마치 어린 시절 소풍에서 숨겨놓은 보물을 찾는 즐거움도 느낄 수 있다.

◆ 어떻게 '배움'을 시작해야 할까?

나는 최선을 다해서 열심히 수업을 하는데 왜 학생들은 못 알아듣는 것 같지? 왜 집중을 안 하지? 무엇이 문제일까? 발표는 왜 아무도 하지 않는 것일까? 수업이 계획한 대로 되지 않는 이유는 여러 가지가 있지만 '듣기'가 되지 않았을 때가 많다. 교사가 하는 말, 친구들이 하는 말을 귀 기울여 들을 수 있는 '경청'이 되어야 교사와 학생이 서로 질문하고 생각하고 대답하며, 친구들과 도란도란 토의하고 발표하는 내가 바라는 교실의 모습에 가까워질 수 있다. 학기 초에는 함께 '경청'하기 연습을 하자.

▷ 경청

말하는 사람 바라봐주기

누군가 이야기를 할 때는 시선을 돌려 그 사람을 바라보는 연습을 하자. 옆에 있는 친구가 이야기할 때는 옆으로, 뒤에 있는 친구가 이야기할 때는 몸을 살짝 돌려 뒤를 볼 수 있도록 동선을 자세히 이야기하면 좋다.

말하는 사람 이름 불러주기

선생님이 ○○○이라는 학생에게 이야기를 시켰을 때 학생들이 함께 ○○○이라고 그 학생의 이름을 함께 불러주는 방법이다. 듣는 연습이 잘 안된 학기 초나 저학년 친구들에게 활용하면 딴짓을 하던 친구들도 '아 저 친구가 발표 하는구나!'라며 함께 발표하는 친구에게 집중할 수 있다.

짝 이야기 발표하기

학생 수가 많거나 소극적인 학생들이 많을 때 활용하면 좋다. 교사가 질문에 대해 생각할 시간을 주고나면 짝과 먼저 이야기하게 한다. 짝 이야기를 듣고 나면 손을 들어 짝이 한 이야기를 전체에게 발표하는 것이다. 발표를 하려면 친구의 이야기를 잘 들어야 하므로 자연스럽게 짝 이야기에 귀 기울이게 된다.

'경청 했어요.' 반응 구호 정하기

친구의 발표나 모둠 발표가 끝나고 나면 듣고 있는 친구들이 반응을 해주는 것이다. 친구들의 발표를 듣고 나서 '네 생각은 그렇구나', '나도 그렇게 생각해', '내 생각은 좀 다른데' 등 여러 가지 생각을 표현할 수 있는 말이나 가벼운 동작이다. 목을 위아래로 까딱 한다거나 "아하!" 하며 들었다는 반응을 해준다. 손으로 오케이 표시를 한다거나 말로 "오케이"를 해도 된다. 목을 까딱하며 "으흠!" 하는 것도 재미있다. 반 학생들과 함께 정해도 되고 교사가 만들어서 재미있게 안내를 해줘도 된다. 너무 과하지 않게 정해야 모든 학생들이 오래 자연스럽게 할 수 있다. "뭐 이런걸 다해요.", "너무 웃겨요." 등 처음에는 어색해 하지만 몇 번 연습하면 금방 자연스러워진다. 오히려 딴짓을 하고 있던 아이가 친구들이 다 같이 하는 '아하!' 반응을 듣고 '아 나 못 들었구나.' 하며 당황하며 잘 듣게 된다. '경청 반응'을 연습하면 좀 더 즐겁고 활기차게 수업을 할 수 있다.

▷ 모둠활동

교실에서의 활동은 학생 개개인이 해야 하는 활동뿐만 아니라 짝, 모둠, 전체 등 다양한 방법으로 이루어진다. 활동에 따라 언제든 짝활동, 모둠활동이 이루어질 수 있도록 계획하고 좌석배치와 모둠구성은 주기적으로 변화를 주면 좋다. 다인수 학급에서는 한 모둠 내에서도 역할을 주면 더 적극적인 참여를 유도할 수 있다.

◈ 교사의 쇼핑리스트, 학급 운영비 사용 꿀팁

첫 월급을 받았던 3월. 행복한 고민으로 가득 찬다.

"무슨 옷을 살까? 새 가방은 어떨까? 새로운 취미도 좋겠어."

나를 가꿔나가기 위한 쇼핑은 언제나 즐겁고 더 좋은 상품을 찾기 위해 혈안이 되기도 한다. 그런데 왜 나만의 교실을 꾸려나가기 위한 쇼핑에도 시간과 노력을 아끼지 않고 있는가? 아무 계획 없이 늘 사는 물건들, 시간에 쫓겨 쉽게 때워버리는 간식 말고, 교실의 환경을 한 단계 성장시키고 교사와 학생 모두 행복해지는 교사의 쇼핑리스트에는 어떤 것들이 있을까?

새 학기가 되면 학급 운영비가 지급된다. 처음에는 어떻게 쓸지 몰라 그냥 두었다. 그리고 연말에는 예산을 모두 사용하는데 급급하여 5월에 운동회 때 입을 반티를 구입하고는 나머지는 연말에 몰아서 학급파티 예산으로 사용하였다. 과연 우리 반을 위한 현명한 예산 사용이었을까?

이런 특별한 소비도 좋지만 1년을 위한 예산이 특별한 며칠을 위한 소비에 사용돼서 아쉬움이 남았다. 분명 나와 비슷하게 예산을 사용하고 있는 선생님들이 있을 것이다. 1년 내내 선생님과 학생들에게 도움이 되는 학급 운영비 사용 꿀팁을 소개하고자 한다.

교실 필수 아이템을 남보다 한걸음 빠르게 장착해 나가자

학급 운영비로 학기 초에 교실 안에 있으면 도움이 되는 물건들을 구입해서 사용해보자. 교과 학습 활동, 학습 활동 작품 게시, 학습지 안내용 등 생각해보면 다양한 물건들이 떠오른다. 사야 할 물건이 떠오르지 않으면 근처 큰 문구점에 자주 가보는 것도 도움이 된다. 현명한 학급운영비 소비는 1년 동안 선생님과 학생들의 학급 생활을 조금 더 편하게 도와줄 것이다.

무선 라벨 프린터

교실 바닥에 학용품이 많이 떨어져 있어서, 분실물 보관함을 만들었다. 하지만 학생들이 분실물을 잘 찾아가지 않아서 학용품에 이름을 붙여주기 위해 라벨 프린터를 구입했다. 스마트폰 어플리케이션에서 인쇄할 이름을 적고 인쇄하면 된다. 용지를 추가 구입하면 계속 사용할 수 있다.

전자 호루라기

과거 체육 시간에는 호루라기를 입으로 불면서 사용하였다. 그러나 과학이 발전함에 따라 도구도 사용하기 좋아진다. 전자 호루라기는 손으로 버튼을 누르면 호루라기보다 더 큰 소리가 난다. 체육 시간이나, 야외 체험학습에서 주의 집중이 필요할 때 사용하기 좋다. 만족도가 매우 높다.

심 없는 스테이플러

학습지를 두 장 이상 인쇄하여 학생들에게 배부할 때 혹여 학습지를 따로 보관하거나 잃어버리지 않을까 해서 스테이플러로 묶어서 지급하는 경우가 많다. 스테이플러를 사용하고 나중에 재활용해서 버릴 때 꼭 철로 된 심이 마음에 걸린다. 그래서 심 없는 스테이플러 사용을 추천한다. 종이를 겹쳐 고정하는 원리로 철심이 필요가 없다. 물론 2~3장 정도는 무리 없으나 많은 종이를 겹쳐서 사용하는 것은 어렵다.

칠판 부착용 전자시계(타이머)

학급에는 시계가 1개씩 있다. 시계 위치는 교실 뒤편이나 측면 거울 위가 단골 위치다. 학생들이 수업 중 고개를 자꾸 뒤로 돌리거나 옆을 본다. 전자시계의 숫자 표시 시간은 볼 줄 알지만, 아날로그 시계를 볼 줄 모르는 친구들이 시간을 계속 물어보는 경우가 있다. 그래서 칠판에 붙일 수 있는 자석 전자시계를 구입했다. 학생들이 시간을 수시로 확인 가능하다. 그리고 타이머 기능을 활용하여 활동 시간을 안내할 때도 도움 된다.

칭찬 도장

공책 확인, 일기장 확인, 과제 확인할 때 칭찬 도장을 활용한다. 가격에 비해 활용도가 매우 높고 내구성도 좋아 오래 사용할 수 있다. 칭찬 도장의 디자인은 매우 다양하다. 몇 가지 사이트를 조사한 후 학생들과 어떤 디자인으로 할 것인지 회의를 통해 정하면 좋다. 자신들이 직접 선택한 디자인이 도장으로 만들어지니 학생들의 만족도가 높다. 도장을 사용하고 도장을 몇 개 이상 받은 학생들에게 보상을 주는 방법도 고려하면 좋다.

무비 슬레이트

영화 촬영할 때 사용하는 무비 슬레이트는 학생들이 역할극이나 교실 앞에 나와서 시연하는 활동에 매우 유용하다. 무비 슬레이트를 딱 치는 순간 학생들은 연극이나 시연활동을 시작하고, 나머지 학생들은 집중해서 관람한다. 도구 하나로 관찰자들의 집중력이 달라지고, 시연자들의 진지함 정도가 달라진다.

블루투스 마이크와 스피커

교실 환경이 좋아서 마이크와 스피커가 이미 설치되어 있는 학급이 있다. 반면에 스피커와 마이크가 없는 교실도 많이 있다. 블루투스 스피커와 마이크는 스피커와 마이크가 없는 환경에서 필요하다. 교사는 수업할 때 목을 많이 사용하게 된다. 학생들이 수업에 집중하지 못하고, 주의를 줘야 할 경우에 자신도 모르게 더 큰 목소리로 말하게 되면 목이 많이 아프다. 마이크와 스피커를 사용하면 목이 덜 아프고 작은 목소리로도 의사전달을 명확히 할 수 있다. 학생들 중에도 목소리가 작아서 의사전달이 어려운 학생이 있다. 마이크를 사용해서 학생의 의견이 무엇인지 정확히 전달할 수 있다는 장점이 있다. 스피커는 마이크와 연결해서 쓰기도 하지만, 교실놀이나 각종 활동 시 노래를 재생할 수 있어 신나는 분위기도 연출이 가능하다.

허니콤보드

육각형 벌집모양으로, 보드끼리 연결해 사용할 수 있다. 허니콤보드와 보드마카 세트(검정, 파랑, 빨강 보드마카+지우개)도 같이 구입하고 사물함에 보관하자. 국어 시간에 칭찬하는 말, 비난하는 말, 비속어, 욕설, 외국어 조사할 때 교사가 주제를 칠판에 붙이고, 학생들은 자주 사용하는 단어를 주제에 맞는 보드 주변에 붙이면 자주 쓰는 단어 종류를 눈으로 확인 가능하다. 국어시간 뿐만 아니라, 찬반 투표에서 의견을 제시할때도 사용하면 좋다. 학생 1명당 2~3장 정도 구입해서 쓰면 좋다.

원형 컴퍼스

자주 쓰는 교구는 아니지만 수학 시간에 원을 그려야 할 경우에 필요하다. 칠판에 원그래프를 그리거나 원형을 그릴 때 사용한다. 기존에 교실에 있는 컴퍼스는 원의 중심이 잘 고정되지 않아 원을 그리다가 학생들의 웃음을 사기 딱 좋다. 원형 컴퍼스는 한쪽에 뽁뽁이가 있어서 칠판에 원의 중심을 고정한 후 원 그리기가 가능하다. 반지름 조절이 가능하여 큰 원과 작은 원을 동심원으로 그리기도 편하다.

번호 뽑기 막대

학급경영을 하다 보면 뽑기를 해야 할 경우가 매우 많다. 짝꿍을 정할 때, 자리를 고를 때, 발표할 때, 순서를 정할 때 등 많은 경우 뽑기를 사용한다. 평소에는 컴퓨터 프로그램 중 대포 뽑기를 사용하는데, 이 프로그램은 같은 숫자가 자주 나와서 시간이 오래 걸리고 컴퓨터가 있는 환경에서만 사용할 수 있다는 단점이 있다. 하지만 번호 뽑기 막대는 한번 뽑은 숫자는 또 나오지 않고 컴퓨터가 없는 환경에서 활용 가능하다. 그래서 학급 내 다양한 뽑기 활동에 사용할 수 있다.

2장

어떻게 실행할까?
4월~1월

무엇을 잘하고 무엇을 잘못하고 있는 것일까? (4월~7월)

• • •

희망과 설렘, 큰 뜻과 꿈을 가지고 시작했던 2월과 3월이 정신없이 지나가고 나면 4월~7월, 별로 한 것이 없는 것 같은데 시간이 빠르게 지나간다. 조금 안정 되어갈 무렵 학교행사는 어찌나 많은지… 내가 뭔가를 좀 차분히 하려고 하면 자꾸 부슨 일이 터지는 느낌이다. 교과 진도는 나만 못 맞추나? 라는 생각에 불안해진다. 잘 지내는 것 같더니 싸우는 아이들, 학부모 문자에 전화, 공개수업 준비까지 해야 할 일은 더 많아지는 것 같다. 나는 많은 일을 했는데 왜 학기 초보다 더 바빠지는 것일까?

3월에 계획했던 계획들이 잘 진행되고 있는지 점검하고 확인해보자. 3월 초 원활한 학급경영을 위해 학급규칙, 청소구역, 기본 생활습관 등 많은 일을 계획하고 실행한다. 계획하고 실행하는 것만큼 잘

1부 • 학급경영   39

되어 가고 있는지 확인하고 개선하는 과정도 매우 중요하다. 학급경영 전반에 걸쳐서 학생들이 의견을 말할 수 있는 시간을 마련하자. 월별로 학생들의 의견을 함께 나누고 변화가 필요한 것은 개선해 나간다. 학생들과 함께 체크리스트를 만들어서 점검하고 개선점을 찾아서 적용하는 과정도 필요하다.

교사가 즐거워야 학생도 즐겁다

같은 학교에 근무하는 선배 교사 중 음악적으로 뛰어난 선생님이 계셨다. 학예회 기악합주를 하는 반이 있으면 곡을 멋지게 편곡까지 해 주시곤 했다. 매월 이달의 노래를 정해서 부르고 미니 발표회를 개최하는 모습은 존경할 수밖에 없었다. 그리고 항상 노래를 흥얼거리는 아이들의 모습도 행복해 보였다. 나도 꼭 해보리라 다짐하며 그 다음 해에 도전했다. 음악으로 여는 아침을 위해 매주 동요를 고르며 이달의 우리 반 노래를 선정했다. 그런데 예상과 달리 그런 과정들이 많이 힘들었다. 우선 교사가 음악을 좋아하지 않으니 노래 선정부터 부담이 되었다. 또 노래를 잘 못하니 가르칠 때마다 자신이 없었다. 시작을 했으니 마무리를 해야 할 것 같아 끝까지 진행했으나 선생님도 학생들도 힘든 1년을 보냈던 슬픈 기억이 있다.

'내가 생각하는 대로 왜 안 되지?'

아무리 좋은 옷이라도 나에게 맞지 않으면 불편하듯 교사가 불편한 방법, 하기 싫은 방법은 오래가기 힘들다. 교사부터 재밌는 학급에서는 학생들이 지루해할 틈이 없다. 교육적 의미가 있고 아이들이 즐겁고 더불어 교사도 즐거워야 금상첨화다. 교실에서 이뤄질 다양하고 재미있는 활동에 대한 기대가 있다면 학생들은 매일기대에 부푼 마음으로 등교를 할 것이다. 학생들이 웃고 있는 학급에서는 그 에너지가 교사에게도 전달된다. 에너지가 충만한 교사가 학교에서 더욱 즐거운 하루를 보내고 학급의 모습을 발전시킬 것은 자명한 사실이다. 나에게도 재미있는 학급을 만들자.

나는 왜 항상 바쁠까?

누구나 처음부터 잘 할까? 누구나 실패한다. 수많은 책과 유튜브 정보, 선배 교사의 강의 등에서 학급경영에 대한 아이디어를 얻어 보자. 주의할 것은 '좋은 자료' 가 모두에게 좋지 않을 수 있다. 운 좋게 좋은 수업자료와 활동거리가 우리 반에도 그대로 활용되는 경우도 있지만 너무 많은 자료나 활동거리는 오히려 혼란을 가져올 수가 있다. 학급에서 무언가를 시작하려고 할 때는 항상 '왜 하지?' 라는 질문을 스스로 해 보면 좋다. 내 생각대로 잘 안되더라도 포기하지 말자. 처음부터 잘하는 사람은 없다. 실패의 경험을 발판삼아 나만의 노하우가 하나씩 만들어져 갈 것이다.

놀면서도 할 것 다하는 사람. 학교에서도 즐겁게 잘 놀고 공부할 때 과제도 척척 해나가는 야무진 학생이 있다. 시간 관리를 잘하면 교사도 학생도 그럴 수 있다. 교사도 시간 관리를 잘해야 더 행복하다. 장기목표와 1년, 1달 목표를 세워보고 한 주 한 주를 계획해보자. 학급의 1년 목표와 시간표가 있는 것처럼 교사의 삶에도 목표와 구체적인 계획이 있으면 더 좋다. 교사도 시간 관리를 잘해야 수업에 집중할 수 있고, 업무에 쫓기지 않을 수 있게 된다.

하루 체크 스케줄러를 사용해보자. 공책, 다이어리, 스마트폰 등 내가 편한 방법으로 습관을 들이면 막연하게 머릿속을 꽉 채운 '해야 할 일' 때문에 스트레스를 받는 일이 줄어든다. 시간 관리가 잘되어야 우리 반의 아이들 한명 한명을 자세히 바라봐 줄 수 있고 학급경영에도 여유가 생긴다. 교사가 여유로워야 우리 반에도 여유와 행복이 생기게 된다.

학생들도 마찬가지다. 학생들의 하루일과를 들여다보면서 학생들이 매일 해야 할일을 계획 할 수 있도록 도와주자. 공책을 활용해도 되고 시중에 나와 있는 스케줄러를 그대로 사용해도 된다. 내가 매일 또는 일주일에 두세 번 해야 할 일이 무엇인지 생각해 보고 적어보게 한다. 학생마다 방과 후에 하는 일이 다르므로 계획한 활동과 시간이 적당한지 점검해주는 것도 필요하다. 나에게 필요한 것이 무엇인지 생각해 보고 매일 해야 할 일을 적어보는 것만으로도 자기 주도적 학습 습관을 들일 수 있게 된다. 저학년은 두 가지 정도로, 중고학년은 서너 가지 정도의 할 일을 스스로 정해보고 내가 실천한 일을 매일 점검해 보도록 하여 학생들이 시간 관리를 잘 하고 스스로 공부하는 힘을 키워갈 수 있도록 하자.

학생이 할 수 있는 일이 많아야 한다

선생님과 학생이 함께 해야 성공적이다. 함께 하기 위해서는 학생들이 할 수 있는 일이 많아져야 한다.

전교학생회의(다모임) 업무를 맡은 적이 있다. 전교학생회 임원에게 회의 시나리오를 주고, 역할을 정해주었다. 그리고 회의 진행에 필요한 모든 자료 역시 교사가 정리하여 매끄러운 진행이 가능하도록 했다. 회의 중간에 너무 떠들거나 토론의 방향이 조금 이상해진다고 생각되면 교사가 마이크를 들고 이끌어 주었다. 다모임은 항상 제시간에 마무리 되었고, 회의결과도 항상 잘 정리되었다. 1학기 마지막 다모임 회의가 있는 날 담당교사인 내가 출장으로 부재한 날이었다. 1학기 동안 다모임을 해왔으니 학생들 스스로 잘할 것이라고 생각했다. 그런데 학생들은 중간에 뭐가 잘 안되면 선생님을 찾았고 어려움이 생기면 선생님을 바라보았다고 했다. 결국 다른 선생님의 도움으로 1학기 마지막 다모임 회의가 마무리되었다. 교사의 역할이 너무 컸던 것일까?

1학기의 실패를 경험하고 2학기에는 최소한의 도움만 주고자 했다. 대사가 있는 시나리오 대신 회의 절차만 안내해주고, 회의에 필요한 말을 학생들이 직접 적어보고 수정하도록 했다. 회의 준비 역시 직접 하게 했다. 물론 시간도 많이 걸리고 회의 진행도 매끄럽지는 않았다. 하지만 학생들이 회의를 준비하는 과정에 더 적극적으로 참여했고, 참여하는 학생들도 선생님 대신 앞에 있는 학생회 임원을 바라보게 되었다. 2학기 세 번째 다모임 회의는 처음부터 끝까지 학생들 스스로 해나갔다. 교사가 한 일은 회의 중간중간에 끼어들고 싶은 마음을 꾹 참고, 끝나고 나서 도움이 필요한 부분이나 보완할 점 등을 물어본 것이 전부였다.

어른들의 눈에 학생들의 진행 과정은 오래 걸리고 어딘가 미숙한 점이 많다. 그래서 교사가 알려주고 학생들은 그대로 따라오게 되는 경우가 많다. 교사가 혼자 이끄는 것이 처음에는 잘 되는 것 같아 보이지만 시간이 지날수록 어려움이 많아진다. 학생들을 한번 믿고 맡겨보자. 그래야 활동을 스스로 할 수 있는 역량과 태도를 기를 수 있다. 처음에는 조금 더디고 티격태격하겠지만, 학생들은 그 과정에서 책임감을 느끼고 규칙을 만들 것이다.

학급 임원에게 충분한 역할을 부여하라

학생들은 학급에서 여러 가지 모습을 보고 듣고 직접 겪으며 성장한다. 그들은 교실에서 나타나는 다양한 상황에서 모두의 생각을 하나로 모으는 것이 어려운 일이라는 것을 자주 느낀다. 의견을 모으며 학급 구성원들과 서로 소통할 때 학급 생활이 더욱 윤택해질 수 있다는 점도 알게 된다. 교실에 질서가 자리할 수 있도록 나를 포함한 친구들을 관리해줄 사람이 필요하다는 생각도 한다. 어려운 처지에 놓인 친구들을 도우며 함께 사이좋게 지내고 싶다는 욕망도 갖는다. 다양한 이유로 학급에는 대표 학생이 필요하다.

대표로 선출된 학급 임원들은 각자의 성향에 따라 조금씩 차이가 있겠지만, 모두가 대표역할을 잘 해내려는 의지를 갖고 있다. 교사가 이 학생들이 충분히 해낼 수 있는 교실 속 역할을 제공하면서 잘 할 수 있도록 도와주면, 어느새 학급의 많은 일들이 학생들의 손으로 움직이는 모습을 볼 수 있다.

태블릿 담당자

태블릿을 활용하면 다양한 활동을 할 수 있다. 태블릿을 수업에 활동하기 위해서는 여러 조건이 준비되어야 한다. 와이파이 연결, 계정

로그인 상태, 어플리케이션 설치 여부 등 미리 확인해야 할 사항이 많다. 여러 반이 태블릿을 사용하면 다양한 문제점이 생긴다. 구글 계정 로그인이 해제되어 있거나, 와이파이 연결이 해제되는 경우도 많다. 이런 일을 대비해서 학생들 중 태블릿 담당자를 선정하고, 태블릿이 수업에 활용할 수 있는 상태가 될 수 있도록 미리 준비하는 일이 필요하다.

태블릿 담당자의 역할은 크게 세 가지가 있다.

첫째, 준비과정은 태블릿을 교실에 가지고 와서 학생들에게 배부하는 역할이다. 태블릿을 교실로 가져오기 전에 태블릿마다 배터리 상태를 확인해야 한다. 교실로 가지고 왔는데 배터리 잔량이 적어서 수업에 활용하지 못하고 교체해야 하는 경우가 있다. 그래서 담당자가 충전 여부를 확인하고, 혹시 모르니 태블릿을 반 학생 수보다 몇 개 더 많게 대여하도록 한다.

둘째, 태블릿의 계정 연결 상태, 와이파이 연결이 이상할 때 도와주는 역할을 한다. 학교 와이파이의 경우 일반적인 와이파이와 다르게 비밀번호만으로 연결이 되지 않는다. 각 교육청에서 주어진 와이파이로 접속해야 하며 접속한 후에도 보안 관련 설정과 접속 아이디, 비밀번호, 인증서 관리 등 확인할 부분이 있다. 태블릿을 받으면 학생들은 바로 와이파이 연결 상태를 확인할 수 있도록 안내하고, 연결이 안 된 경우 태블릿 담당자들이 연결을 도와줄 수 있도록 안내한다. 와이파이 연결 후 구글 계정 연결을 확인할 필요가 있다. 검색이나, 사이트 접속은 계정 연결이 필요 없지만, 구글에 있는 기능을 활용 할 경우 계정 연결이 필요한 경우도 있다. 개인 계정을 학교 태블릿으로 로그인 할 경우 개인정보 유출의 위험이 있으므로 학교 계정으로 로그인 할 수 있도록 안내한다. 로그인이 안 된 학생의 경우 태블릿 담당자에게 로그인 할 수 있도록 도움 요청을 하면 된다.

셋째, 태블릿을 정리한다. 태블릿 사용이 끝나면 학생들에게 전원을 끄라고 안내한다. 배터리 사용량을 줄이기 위해서다. 전원이 꺼진 태블릿을 담당자가 회수하여 태블릿 보관함에 넣어둔다. 보관함에 넣어둘 때 충전 케이블이 잘 연결되어 있는지 확인하고, 간혹 충전 케이블을 연결했으나 충전이 되지 않는 경우도 있으므로 배터리 충전 상태를 확인하도록 한다. 충전 케이블 연결이 불편할 경우 자석 충전 케이블도 있으니 고려할 만 하다.

태블릿 담당자는 스마트 기기 사용을 좋아하는 학생이 맡으면 더 좋다. 학기 초에 태블릿을 학생들에게 나눠주고 홈페이지 접속이나, 어플리케이션 설치, 로그인, 와이파이 연결 등 연습을 하면 손쉽게 하는 학생들이 있다. 그 학생들을 태블릿 담당자로 선정해서 교실에서 활동할 수 있도록 하자. 열심히 활동할 경우 칭찬, 보상을 주어 학생들이 꾸준히 참여할 수 있도록 독려하면 좋다.

학생주도 동아리 운영

학교에 따라 동아리 활동 운영 방법이 상이할 것이다. 학년별로 또는 학년군별로 각 교사가 동아리 부서를 개설하면 반을 섞어서 학생들이 희망하는 부서에 들어가 활동하는 경우도 있고, 각 학급에서 교사가 반 학생들은 데리고 하나의 동아리를 운영하는 경우도 있다. 내가 있던 학교는 후자의 경우였다. 솔직히 특별한 특기도 없고 취미도 없던 나는 동아리 운영이 항상 부담이었다. 그래서 나는 독서부, 영화 감상부 등 몇 년간 손쉽게 할 수 있는 주제의 동아리를 구성하여 운영했었다. 교사 주도의 동아리 활동은 학생들이 원하는 동아리 활동이 아니었기 때문에 점차 학생들은 동아리 활동에 흥미를 잃어갔다. 그리고 동아리를 운영하는 나도 동아리 운영에 대한 회의감이 들기 시작했다.

그러던 어느 해, 나는 과감하게 동아리 구성과 계획, 운영을 학생들의 손에 맡기기로 했다. 학생들이 원하는 동아리를 운영하면 학생들이 좀 더 즐겁게 참여하지 않을까 하는 생각에서 과감하게 학생 주도의 동아리를 운영하기로 한 것이다.

우리 반의 동아리 운영 방법은 다음과 같았다.

첫째, 학기 초 5~6명씩 자율적으로 동아리를 구성한다. 이때, 소외되는 학생이 없도록 교사의 조율이 필요하다. 둘째, 각 동아리별 연간 운영계획서를 작성한다. 교사는 학생들이 계획을 수립할 수 있도록 기본적인 계획서 틀을 제공하고, 운영계획서를 다른 동아리와 공유하며 수정 보완하는 시간을 마련한다. 셋째, 매달 동아리 운영 시간을 사전 고지하여 활동에 필요한 준비물을 논의하는 등, 활동을 준비할 수 있는 시간을 제공한다. 넷째, 자율적으로 동아리를 운영하되 활동 결과를 사진으로 보고하도록 한다. 자칫 동아리 시간이 놀이 시간으로 변질되는 것을 막기 위해 매달 동아리 활동 후 각 동아리의 활동 사진을 학생들과 함께 보며 동아리 활동 후기를 나누는 시간을 가졌다. 이러한 동아리 활동 사진과 후기는 후에 동아리 누가기록에 도움이 되기도 했다.

학생들이 계획하고 운영하는 동아리 활동은 다음과 같은 장점이 있다.

첫째, 학년말 마지막 활동까지 학생들이 적극적으로 참여한다. 둘째, 학생들의 계획서, 활동 사진을 통해 동아리의 포트폴리오가 만들어진다. 학년말에 학생들의 활동 사진을 모아 보면서 1년간의 활동을 정리할 수 있는 자료가 된다. 그리고 무엇보다 학생들이 계획하고 운영을 하는 경험을 통해 자주적인 태도를 기를 수 있었다.

"알아서 스스로" 시스템 만들기

중간놀이 시간에 교사 연구실에서 선생님들과 이야기 하다가 3교시 시작할 즈음 교실로 돌아간 적이 있다. 학년부장 선생님 반과 우리 반의 교실 분위기가 너무 비교됐다. 부장 선생님 반은 미리 교과서도 준비되어 있고, 교과 담당 부장이 미리 교과서를 펴고 학생들과 수업 준비를 해 둔 상태였다. 물론 우리 반도 학습 훈련을 위해 수업이 끝나면 다음 시간 교과서 책상 위에 준비하기, 수업 시작 3분 전에 앉아서 준비하기 등을 자주 교육했다. 하지만 부장 선생님 반처럼 다른 교사가 봐도 모범적이고 수업준비가 잘 된 반은 처음 봤다.

학년 부장 선생님께 반 운영에 대해 물어본 적이 있다. 각 교과마다 부장이 있고, 교과 부장들이 수업 준비도 시키고 미리 배울 부분을 예습한다고 했다. 부장선생님이 회의가 많아서 시간에 맞게 교실에 들어가지 못할 경우 수업 결손을 막으려고, 미리 교과부장을 뽑아서 수업준비를 한다고 했다. 부장님 반처럼 교사가 일일이 지도하지 않아도 학생들이 스스로 준비하고 행동하게 할 수 있는 방법은 없을까? 학생들이 질서를 지키며 학교생활을 할 수 있도록 고안한 몇 가지 방법을 소개한다.

급식시간, 체육시간, 교실 이동수업에 줄을 서는 경우가 있다. 급식 줄은 학급자치회에서 정한 규칙에 따라 선착순이나, 번호순으로 학생들이 정한 규칙을 따른다. 체육시간은 줄을 서서 체조를 해야 하므로 키순서로 선다. 이동수업은 번호순이나 자치회에서 정한 규칙을 따른다. 줄 서는 규칙을 정한 후, 줄 세우는 역할을 1인 1역에서 정하도록 한다. 줄 세우는 역할을 맡은 학생에게 역할의 방법을 자세히 알려주고, 꾸준히 연습하도록 한다. 줄 세우기 역할을 하는 학생뿐만 아니라 다른 학생들에게도 질서를 지켜 줄을 설 수 있도록 부탁한다.

줄 서는 연습 후 시간을 지켜야 한다. 화요일 4교시는 체육, 급식시간은 1시 10분 등 줄을 서야 하는 시간이 있다. 1시 10분까지 줄을 서야 한다면 줄서기 3분 전인 1시 7분에 줄 세우기 담당자가 줄을 세울 수 있도록 해야 한다. 시간을 잘 지켜 줄을 세우고, 줄을 바르게 세우면 이동하도록 안내한다. 학기 초에는 학생들이 줄을 다 서 있어도 이동을 하지 않는다. "선생님 출발해요?", "선생님 언제 가요?"의 질문을 한다. 줄을 잘 서면 바로 출발하라고 안내하고 습관이 되면 교사에게 질문하지 않고 학생들끼리 잘 이동한다. 한번은 점심시간에 업무를 보다가 급식을 늦게 먹는 일이 있었는데 교사를 기다리지 않고 독립적으로 점심 식사하는 모습이 규칙을 잘 지켜서 보기 좋았지만 교사를 두고 가서 서운하기도 했다.

사물함 정리, 책상 정리, 교과서 준비도 미리 연습하면 좋다. 사물함에 교과서를 잘 보이게 세워서 정리하고, 기타 준비물은 교과서 옆에 정리하는 방식으로 하면 좋다. 책상 정리는 학생 평소 습관에 따라 편차가 심하다. 어떤 학생은 책과 공책을 가지런히 정리하는가 하면, 어떤 학생은 책상 안에 안내장과 각종 활동지로 지저분하다. 책상의 오른쪽에 책을 넣고, 왼쪽에 공책을 넣고 가운데에 필통을 넣도록 안내하면 좋다. 교사가 일주일에 한 번씩 책상과 사물함 정리 안내를 하면 학생들이 바른 습관들이기 좋다. 교과서 준비는 수업 시작 전 교과서, 공책, 필기도구를 미리 책상 위에 올려두고 쉬는 시간을 보내도록 안내하자. 쉬는 시간까지 신나게 놀다가 수업 시작 전에 사물함에 가서 교과서를 꺼내고 필기도구를 준비하면 2~3분 동안 수업 시작을 못하게 된다. 미리 교과서를 준비해서 수업을 바로 시작할 수 있도록 하자.

학생들이 스스로 준비하고 행동하기까지는 많은 시간과 노력이 필요하다. 학생들에게 자연스럽게 습관이 형성될 수 있도록 교사는 지속적이고 반복적으로 안내하고 기다리는 것이 필요하다.

방학, 어떻게 보내야 할까? (8월)

• • •

7월이 시작되면 학생들은 "언제 방학해요?"라며 투정어린 질문을 한다. 심신이 지쳐가고 조금씩 미운 행동을 하는 학생들도 하나둘 생길 무렵 학생들도 교사도 그토록 기다렸던 방학이 다가온다. 하지만 학기 말 성적처리에 여름방학 계획서 작성까지 해야 할 일도 한 번에 밀려든다. 학생들도 교사도 방학 동안 재충전이 꼭 필요하다. 학생들만이 아니라 교사인 나도 즐겁고 알찬 계획을 세워보자.

즐거움과 배움이 있는 학생들의 방학

학생들이 설레는 마음을 안고 즐겁고 의미 있는 방학을 보낼 수 있도록 개인별 계획을 세울 수 있도록 하고 맞춤형 과제를 제공해주자.

일단 방학은 집에서 놀면서 쉬는 날로 생각하는 학생들이 대다수다. 방학은 덥고 추운 날씨 때문에 학교에서 배움을 쉬고, 가정에서 학생 자율적으로 배우는 시기라는 것을 안내해야 한다. 방학에 꾸준히 할 수 있는 과제를 선택할 수 있도록 도와주자. ***에게는 줄넘기 연습과 나눗셈 연습이 ○○에게는 독서와 글쓰기 연습이 필요할 수 있다. 학생이 좋아하는 활동이나 부족한 부분을 방학 중에 채워나갈 수 있도록 개인별 과제를 선택하게 하고 그것을 방학동안 꾸준히 실행할 수 있도록 독려하자.

몸과 마음에 선물을 주는 선생님의 방학

아이들을 위한 방학을 제공해주었다면 교사 자신을 위한 계획을 짜자. 방학에 들어가기 전 잠시 비울 교실을 정리하자. 쓰레기통을 비우고, 화분도 돌아보고, 사용하지 않을 콘센트도 뽑아두자. 교실에 분실할 물건이 없는지 살펴보고 문단속도 해야 한다. 이동식 디스크에 인증서도 꼭 챙기자. EVPN 신청기간이 끝나지 않았는지 점검하는 것도 필요하다. 방학을 했다고 해서 교사의 업무도 방학은 아니기 때문에 집에서도 모든 업무가 가능할 수 있도록 준비해두어야 한다.

방학은 배움에 대한 투자의 시간이기도 하다. 교육청이나 연수원에서 주관하는 다양한 연수가 방학 전부터 준비된다. 평소 배우고 싶었던 연수를 신청해서 들으면서 배울 수 있고 다른 학교 선생님들과도 교류할 수 있는 시간이다. 꼭 연수에 참여하지 않더라도 평소 읽고 싶었던 책을 마음껏 보거나 취미생활을 하면서 재충전의 시간을 갖는다. 여행을 계획하여 힐링하는 시간을 갖는 것도 좋다. 국외로 나갈 때는 꼭 연가나 연수를 신청하고 떠나야 하므로 교감선생님과 꼭 복무를 상의하도록 하자.

서로의 안부를 물어요

방학은 학생과 교사가 각자의 공간에서 배우고 여유를 갖는 시간이지만 학생들을 완전히 잊고 지내지는 말자. 한 달은 꽤 긴 시간이다. 즐거운 체험과 배움으로 가정에서 알찬 방학을 보내는 학생도 있고 그렇지 못한 학생들도 있다. 방학동안 서로의 안부를 묻는 것은 어떨까? 방학의 중간 즈음 학생들에게 문자나 전화로 연락을 해보자. 저학년은 학부모에게 연락을 취하여 학생의 방학생활 소식도 듣고 교사의 관심정도를 내비치는 것도 좋다. 방학을 어떻게 보내고 있는지 묻고 선생님의 소식을 전해주는 것만으로도 서로에게 격려가 되고 남은 방학을 알차게 보낼 수 있는 힘이 될 것이다.

매일 리셋되는 학생들(9월~12월)

• • •

선생님은 학생들이 2학기에는 뭔가 조금 달라질 것이라는 기대를 하지만 교실에서는 이를 번번이 깨버리는 상황이 생긴다. 한 학기를 지나고 났는데 '뭐야 그대로네?' 하는 생각이 들면 화도 나고 포기하고 싶은 마음도 든다. 매일이 새롭고 가끔 거꾸로 가기도 한다. 너무 조급해 하지 말고 여유를 갖자. 당장 눈에 보이지 않아도 학생들 역시 조금씩 크고 있고 변화하고 있을 테니, 버럭 화내지 말고 힘들다고 포기하지 말자.

◈ 교사 근육 키우기

교사도 개학이 싫다. 두렵다. 학교 가기 싫을 때가 있다. 몸과 마음의 여유를 갖는 방학을 보내고 나서 재충전을 했으니 더 활기차고 더 성숙해진 모습을 기대했으나 현실은 그렇지 않다. 학교가 싫지는 않지만 개학이 반갑지 않은 것은 교사도 학생들도 마찬가지일 것이다. 방학동안 늦잠과 편안함에 익숙해져서 개학 후 교실은 활기가 아니라 오히려 피곤함이 가득하다. 설렘과 긴장마저 없는 2학기 개학의 첫날은 오히려 3월의 첫날보다 더 힘들 수도 있다. 2학기를 본격적으로 시작하기에 앞서 학생들을 제자리로 돌려놓아야 한다.

2학기라고 해서 1학기와 크게 달라지는 것은 없다. 1학기를 한번 돌아보자. 잘 운영되고 있는 것은 유지하고, 놓치거나 어긋나고 있는 것은 수정하거나 새롭게 추가해보자. 다시 힘을 내서 시작하면서 할 수 있는 몇 가지 활동을 소개한다.

학급우체통 활용하기

학기 초에는 교사와의 관계 및 친구들과의 관계형성을 위해 의도적

으로 많은 소통을 하려고 하지만 시간이 흐르면서 '이 정도면 잘 지내는 거지.'라는 생각으로 의도적인 소통의 시간은 점점 줄어들게 된다. 시간이 흐를수록 몸과 마음도 성장하는 학생들은 지속적으로 소통하는 것이 필요하다. 개학을 하고 나면 새로운 교우관계가 정립되기도 하고 학생들에게도 많은 변화가 생기기도 하기 때문이다. 학급우체통이나 쪽지상담을 활용하여 학생들의 마음을 읽어보자. 1학기에 있었던 일이나 방학 중에 있었던 일, 2학기에 하고 싶은 일이나 고민 등을 자유롭게 쓰게 한다. 학생을 잘 이해하고 파악할 수도 있고, 학부모 상담 자료로 활용할 수도 있으며 서로 끊임없이 소통하면서 교사로서 자신을 돌아보는 계기가 될 수도 있다.

　　<학급우체통>
　　• 지금까지의 선생님과 함께 한 학교생활 모습 떠올려보기

- 포스트잇에 주제에 따라 하고 싶은 말 적기
- 필요에 따라 익명, 실명을 적절히 선택하여 제시하기
- 포스트잇을 우체통에 넣도록 하고 다 모이면 하나씩 꺼내며 학급 전체 공유하기(익명) 또는 개인문제 해결(실명)
- 교사가 적절히 판단하여 학급생활에서의 모습에 반영하기

2학기 교과서 살펴보기

바로 진도를 나가지 말고 2학기에는 무슨 공부를 할지 과목별로 천천히 교과서를 살펴보는 시간을 갖자. 가볍게 책장을 넘기면서 그림도 살펴보고 이야기를 나눠보면서 잠시 멀어져 있던 교과서에 다시 익숙해질 수 있도록 한다.

5분 명상

바쁘고 정신없는 아침을 보내고 학교에 온 학생들에게 일주일에 한 번이라도 조용히 명상할 수 있는 기회를 주자. 에너지가 넘치는 아이들이 많다면 더욱더 추천한다.

1인용 실뜨기

1인용 실뜨기는 혼자서 여러 가지 모양을 만들며 할 수 있는 실뜨기이다. 학생들이 여러 가지 모양을 만들며 집중력 향상, 소근육 발달에 도움을 줄 수 있다. 간단한 별 만들기, 달팽이 만들기부터 보다 복잡한 모양 만들기까지 수준에 따라 다양하게 활용 가능하다. 처음에는 생소하고 어려워하던 학생들도 하나 둘 성공 경험을 쌓아

가면서 성취감을 느끼며 점점 더 흥미를 가지게 되는 활동이다.

노래가 있는 교실

작년에 다른 반 5교시 수업을 보결로 들어간 적이 있었다. 교실 분위기 파악하려고 점심시간 끝나기 5분 전에 보결할 교실로 들어갔다. 학생들이 선생님 컴퓨터로 노래를 듣고 있었다. 교사 컴퓨터에 앉아서 노래를 끄고 5교시를 시작했다. 5교시는 미술 크리스마스 리스 꾸미기였는데, 한 학생이 다가와 노래를 들으면서 미술을 하고 싶다고 했다. 학생 의견을 존중해서 노래를 재생했더니 학생들이 흥얼거리면서 즐겁게 미술에 참여했다. 노래를 재생시키면 학생들이 노래 듣느라 산만해져서 수업에 집중하지 않을 줄 알았는데 내 착각이었다. 노래를 들으면서도 수업 활동에 잘 참여했다.

올 해 새로 맡은 반에서는 노래 담당 역할이 생겼다. 1~4교시까지 학생들의 희망 노래를 선착순으로 작성하고, 점심 식사 후 청소 시간에 노래를 재생하는데 학생들의 만족도가 엄청 높다. 노래를 좋아하는 친구들은 노래 담당 역할을 하고 싶어서 다음 달이 될 때까지 역할 뽑기를 기다리기도 한다. 노래를 재생하다보면 학생들의 노래 취향을 알 수 있다. 대부분 요즘 인기 있는 아이돌 노래와 힙합을 많이 듣지만, 어떤 학생은 외국 팝송을 좋아하기도 한다. 가끔 교사가 좋아하는 옛날 노래가 나오면 학생들은 선생님이 너무 올드하다고 말을 한다. 학생들과 한마디라도 더 이야기 할 수 있는 수단을 만들어서 교사 입장에서도 좋다. 학생들은 자신이 선곡한 노래가 직접 교실에 울려 퍼지니까 더 열심히 참여하려고 한다.

교과서에서 배울 노래를 점심시간에 미리 들려주고, 오후 음악 시간에 노래를 배우면 학생들의 노래 습득 속도가 빨라 도움이 된다.

노래를 틀어줄 때 주의점은 학생들이 선정적인 노래나, 욕이 섞인 노래를 신청할 때가 있다. 그럴 때는 노래 담당자에게 바로 다음 곡으로 넘기라고 말을 하고, 노래를 신청한 학생에게는 주의를 주도록 한다. 노래를 재생할 때 교실 중앙 전자칠판에 뮤직비디오가 함께 나오도록 되어 있는데 학생들이 뮤직비디오를 보느라 정신이 없어서 청소를 하지 않을 경우가 있다. 그럴 경우 전자칠판을 끄고, 노래만 나오게 하면 다시 청소에 집중하는 모습을 보인다.

즐거운 추억 쌓기

학교는 배우는 곳이다. 학생들은 공부하는 시간에 다양한 지식을 배우고 사고력, 창의력, 상상력 등을 키운다. 공부뿐만 아니라 놀이를 통해서도 의사소통능력, 공동체의식, 책임감, 배려, 존중, 예절 등 많은 것들을 배운다. 모든 배움이 즐거운 추억으로 남으면 학생들은 이를 곱씹으며 지속적으로 성장할 수 있다. 학교에서 학생들이 할 수 있는 활동은 무궁무진하다. 활동을 통해 배울 점을 중심에 놓고 안전성, 실천가능성 등을 따져서 계획하면 된다. 이 때 계절이나 활동 시기를 고려하는 것도 좋다.

◆ '꿈'을 꾸는 학생들로 (진로교육)

선생님: "너는 커서 어떤 사람이 되고 싶니?"

야외 나들이

유자차 타먹기

쿠키 만들기

연 날리기

미션 사진 찍기

할로윈 분장하기

샌드위치 만들기

겨울 단체사진

상현 : "아이돌이요!"

다은 : "유튜브 크리에이터가 될 거예요."

정우 : "잘 모르겠어요…."

찬희 : "글쎄요."

소민 : "웹툰 작가가 될 거예요."

학생들의 장래희망을 들여다보면 요즘 인기 있는 직업이 무엇인지, 그 학생이 좋아하는 것이 무엇인지 짐작을 할 수 있다. 물론 학생들의 꿈은 학년이 올라가면서 뿐 아니라 매달 바뀌기도 하지만 장래희망을 주저 없이 말하는 학생의 얼굴에는 언제나 웃음과 활기가 넘친다. 미래의 모습을 그리며 꿈을 꾸는 학생들에게는 남다른 에너지가 있는 것이 분명하다. 꿈을 꾸는 학생들이 많아질수록 활기차고 행복한 교실이 만들어진다.

한 해 동안 진로교육을 어떻게 해나갈 것인지에 대한 구체적인 계획을 세워 실행해보자. 진로교육 시간이 체험활동이나 학교행사와 연계해서 대충 지나가 버리는 경우가 많다. 4~5차시 정도의 진로교육 시간과 교과 시간을 연계하여 교사가 의미 있게 구성한 활동을 해나가면서 학생들이 꿈을 꿀 수 있는 행복한 시간을 갖게 하면 좋겠다.

다양한 꿈 가꾸기 활동은 나를 알아가고, 나와 다른 친구의 모습을 알아가는 과정이 되고, 더 넓은 세상의 다양한 직업에 대해 눈을 뜨면서 아이들이 꿈을 꾸는 행복한 시간이 된다.

이런 활동 있어요.

나 이런 사람이야

- 성격유형검사
- 내가 좋아하는 것, 내가 잘하는 것

미래 나의 모습을 생각해 봐요

- '10년, 20년 후 나의 모습' 상상하여 그려보기
- 버킷 리스트 쓰기
- 미래 일기쓰기

아름다운 삶을 산 인물에 대해 이야기 나누기

- 위인전 함께 읽고 이야기 나누기
- 내가 생각하는 '아름다운 사람' 소개하기(노력, 인내, 용기의 힘)

꿈 게시판 만들기

- 온라인 진로교육 사이트 활용

마무리 그리고 다시 새로운 시작(새로운 해의 1월)

• • •

교과평가 기록, 행동특성 및 종합의견 기록, 점검 또 점검. 생활기록부 입력이 마무리 되면 겨울방학이 다가온다. 겨울방학은 잠시 쉬어가는 여름방학과는 느낌이 많이 다르다. 한 해를 마무리하는 정리의 시간이면서 이별의 시간이고 또 자기성찰의 시간이며 내년을 계

획하는 준비의 시간이기도 하다. 올 한해 우리 반 학생들에게 나는 과연 어떤 선생님이었을까?

사진으로 돌아보는 1년

스마트폰 사진첩을 열어서 1년 동안 찍은 사진을 함께 보자. 학생들과 함께 사진을 하나씩 보다보면 지나간 일들이 자연스럽게 생각나고 웃음이 나면서 추억이 새록새록 떠오르게 된다. 학생들과 사진이나 동영상을 함께 보면서 이야기꽃을 피워보자. 시간의 흐름 속에 그냥 지나갔던 사건들이 더 아름답고 의미 있게 느껴질 것이다. 학급운영비로 학생들에게 미니앨범을 만드는 것도 좋다.

헤어지는 인사도 추억으로 남기기

학생들과 작별 인사를 나눌 수 있는 이벤트를 만들자. 거창한 행사가 아니라 친구에게 편지쓰기, 롤링페이퍼쓰기, '선생님께 차마 하지 못한 말' 등 즐겁게 인사를 나눌 수 있는 작은 이벤트를 만들어서 헤어지는 인사도 즐겁게 나누도록 하자.

떠나는 뒷모습도 아름답게

한 해를 아름다운 추억으로 저장했다면 교실을 사용한 흔적은 깨끗하게 지우도록 하자. 학급 게시판의 작품이나 장식을 다 떼어내고 깨끗하게 하자. 전년도 교과서와 신문, 잡지, 인쇄물 등 필요 없는 문서나 책은 분류하여 파쇄하거나 버려야 한다. 컴퓨터 사용 흔적도 깨끗하게 지우자. 각종 다운로드 파일, 자동 로그인 기록, 즐겨찾기 목록, 사진, 동영상 등이 남겨져 있지 않도록 사용기록을 지우고 정리해야 한다. 다음 해에 그대로 사용할 컴퓨터, 프린터, 책걸상, 각종 전자기기 등 교실 물건은 상태를 살피고 수량을 파악한 후 정리하여 인계하면 된다.

새로운 시작 준비하기

학년의 마무리가 끝은 아니다. 나를 한번 돌아보는 시간을 갖자. 계획한 일들은 잘 마무리 되었는지, 올 한해 가장 의미 있었던 일은 무엇인지, 학생들에게 미안한 마음이 들었던 때는 언제였는지, 내년에도 하고 싶은 활동은 무엇인지 등 스스로에게 질문을 던져보고 답하면서 자기 성찰의 시간을 갖자. 좋았던 것은 내년에 더 열심히 해보고 부족한 점은 보완하거나 바꾸면 된다. 조용히 나 자신을 돌아보는 시간을 통해 올해보다 더 나은 내년을 계획하며 올해보다 더 나은 선생님이 되어 갈 수 있을 것이다.

3장

알아두면 쓸모 있는
학급경영 꿀tip

꿀tip 1 학급특색: 학급에 빛깔 더하기

• • •

아무 것도 모른 채 처음 발령받은 3월.

"학급 특색 활동이랑 동아리 활동 뭐 할지 결정하셔서 내일까지 학급 교육과정 보내주세요."라는 부장님의 말씀에 너무 막막했다. 나도 특색이 없는데, 무슨 특색교육이람.

"아이들에게 꼭 하나의 능력을 가르친다면, 무엇을 가르칠 수 있을까?"

나는 글쓰기를 선택했는데, 내가 글을 잘 쓰지 못하는 사람이라 아쉬움이 많이 남아서이기도 하고, 인생의 중요한 순간들에 꼭 필요한 능력이었기 때문이다. 그 후 학급특색교육 시간이면 아이들에게 주구장창 글을 쓰도록 했다. 교과서 속 질문에 낱말로 답을 적으면 "문장으로 적어야지!" 하며 수 없이 잔소리를 하곤 했다. 그 결과, 학생들이 글쓰기에 질려버렸다.

'내가 원하던 건 이게 아닌데… 내가 좋아하고 가르치고 싶은 것을 학생들이 정말 하고 싶게 만들 순 없을까?'

방법은 의외로 간단했다. 활동에 특별함을 부여하는 것. 지루한 글쓰기가 아닌 한 해를 꾸려 책을 만드는 목표를 정하고 스스로가 지닌 장점에 맞게 역할을 부여하였다. 글을 쓰는 것부터 그림그리기, 사진찍기, 편집하기 등 학생들이 주체가 되어 학급 특색 교육에 참여했고, 완성도는 떨어질지라도 작가들의 애정이 가득 담긴 문집이 완성되었다. 우리만의 활동, 나만의 역할에 특별함이 부여되어 주인공으로 자리한다면 우리의 예상보다 훨씬 집중하고 노력하는 아이들의 모습을 볼 수 있을 것이다.

학급특색교육은 무엇일까?

학급특색교육은 학급경영의 꽃이다. 교사가 직접 주제를 선정하고 주체적으로 이끌어나갈 수 있기 때문이다. 학급에서 하나의 주제를 바탕으로 운영하며, 예체능 활동부터 독서토론, SW, 놀이 교육 등 그 범위가 매우 넓다. 보통 교육과정 속에서 운영하거나, 학급 동아리·아침 시간 등을 활용할 수 있다.

교육과정 속에는 학급 특색교육이 창의적 체험활동의 자율활동 내에 학기당 4~10차시가량 포함되어 있다. 동아리 시간을 활용할 수도 있는데, 동아리를 학급별로 운영하는 경우 이 시간을 더욱 용이하게 활용할 수 있다. 보통 학기당 10차시가량으로 구성되므로 1년간 운영하기에 충분한 시간이다. 만약 동아리 활동을 학년(군)별로 나누어 운영한다면 같은 주제를 다루되 학급의 학생들은 심화 활동을 유도해 또래 리더로 이끌어나갈 수도 있다.

창의적 체험활동 속에서 학급 특색교육을 운영할 경우 학기가 시작되기 전 학년 교육계획을 수립하는 과정에서 미리 주제와 간단한 계획을 정한다. 학년 교육과정이 미리 수립되어 있는 경우라면 교과 활동과 아침·중간놀이·점심시간 등을 활용해 특색교육을 전개할 수 있다. 주제에 맞는 교과 시간을 할애하거나 예체능 교과와 연계하여 전시나 발표를 할 수 있으며 자투리 시간을 활용해 간단한 활동 거리를 꾸려나갈 수 있다.

왜 중요할까요?

학급특색교육, 참 할 것도 많고 손도 많이 간다. 그럼에도 중요한 까닭은 무엇일까? 먼저 다른 반과 다르게 우리 반만 하는 활동이라는 인식을 갖게 하여 우리 반의 정체성을 확립하는 데 도움을 준다. 학년만 바뀌고 매해 똑같은 학교생활이 아닌, 새로운 학급 친구들과 함께 새로운 것을 배우고 발전시켜나가는 의미 있는 한 해를 만드는 것이다. 일 년간의 특색교육을 진행하고 나면 학생들 역시 함께 활동했던 주제를 몇 해가 지나서도 떠올린다. 시간이 흐른 뒤 함께 이야기 나누며 "몇 학년 때는 이거 했었지."라고 추억을 나누거나 교사가 열심히 준비한 교육활동을 통해 자신의 취미를 만들어 나갈 수 있다면 그만큼 값지고 의미 있는 일이 없을 것이다.

아울러 학급 친구들이 같은 활동을 공유하므로 학급의 결속력을 강화한다. 특색교육은 성취 목표가 없고 평가가 이뤄지지 않으므로 학생들이 부담 갖지 않고 활동에 참여할 수 있다. 그렇기에 자신의 수준에 맞게 활동을 꾸려나가고, 수행 능력이 우수한 학생들을 격려해주면 앞장서서 학급을 이끌어준다. 활동을 어려워하는 학생들은 또래 친구들의 도움을 받아 한 단계 성장할 수 있고 이 과정에서 경쟁이 아닌 협동을 배워나가도록 도울 수 있다.

학생과 교사의 유대관계를 형성하는 데도 많은 도움을 준다. 교사가 잘하거나 좋아하는 것은 가르치는 모습에서 그대로 드러나며, 학생들은 그것을 바로 알아차린다. 학급이 함께 꾸려나가는 활동에서 교사가 앞장서 멋진 모습을 보여주면 학생들에게 귀감이 된다. 이를 통해 그저 가르치는 사람이 아닌 리더로서 학생들과 함께 학급 구성원으로 성장할 수 있으며, 이러한 점은 수업·생활 지도를 한층 수월하게 도와준다.

학급특색교육을 운영하는 것은 그 무엇보다 교사 자신에게 성장의 밑거름이 된다. 모든 사람은 내가 좋아하는 활동을 할 때 가장 즐겁고, 열심히 참여한다. 보통 특색교육 주제는 교사가 좋아하는 활동을 주제로 선정하므로 수업이 활기차고 즐거워진다. 물론 제대로 된 특색 활동을 위해선 준비해야 할 것이 정말 많고 손이 많지 가지만, 스스로가 좋아하는 것을 최선을 다해 가르치고 따라와주는 학생들을 보면 그만한 보람과 성취감이 느껴진다.

첫 한 해의 특색교육활동은 시행착오로 가득하다. 학생들의 성취 수준은 내가 기대한 것과는 한참 떨어져 있으며, 내가 정말 좋아하는 활동인데도 학생들은 싫어하는 경우도 허다하다. 그러나 어려웠던 점을 고쳐나가고 좋았던 점을 발전시켜나가며 한 해 두 해 노하우가 쌓여간다. 이는 학급을 한 팀으로 꾸려나가는 데 매우 큰 도움이 된다. 추후 자신감이 붙는다면 학급경영 사례를 연구대회에 출품하거나 우수 사례 등으로 발전시키기에도 충분하다. 일관성을 지니고 발전시킨 학급 특색교육은 교사의 전문성 향상에도 많은 도움을 주게 된다.

어떤 주제를 선정해야 할까?

교사가 좋아하고 잘하는 주제가 우선되어야 한다. 교과서와 같은 명확한 가이드라인이 없는 상태에서 1년을 운영하려면 교사가 해당 분야에 자신이 있고 열정이 넘쳐야 한다. 만약 그렇지 않다면 1년은 커녕 한 학기도 채우지 못한 채 흐지부지되어버릴 것이다. 정말 좋아하는 활동이라면 학생들이 어려워할 때는 함께 머리를 맞대고 도와주며, 기대 이상의 성과를 냈을 때는 마음에서 우러난 칭찬을 듬뿍 전할 수 있게 된다.

물론 학생들의 선호도 역시 중요하다. 학생들이 평소 싫어할 만한 수학 문제 풀기를 주제로 선정한다면 교사가 아무리 수학을 잘하는 모습을 보여주더라도 리더가 되기는 어려울 것이다. 한 교과를 주제로 선정한다면 놀이 활동 중심으로 학생들을 한 단계 한 단계 이끌어나가며 교과 자체에 대한 흥미도를 높여주어야 한다. 더불어 학급운영비를 활용해 외적 보상도 넉넉히 주고 특색교육을 주제로 한 이벤트도 자주 열어주자. 교사가 온 마음을 다해 이끌어나가는 활동이므로 아낄 것 없이 학생 한 명 한 명이 그저 즐겁고 행복한 시간이라는 인식을 먼저 심어주어야 한다.

아울러 이왕이면 결과물이 남거나, 사진·영상으로 남겨둘 수 있는 주제가 좋다. 한 해 활동한 자료를 모아 학년말 전시회를 열어도 좋고 학급 앨범 형식으로 제작해두면 학생들의 기억에도 한결 오래 머문다. 또한 한 해 운영을 되돌아보는 자료로 쓰기에 좋으며 한 해 두 해 모아가며 학생들에게 소개하거나 교사의 발표 자료로도 쓰일 수 있다. 몸으로 하는 활동이라면 영상 자료를 남겨두거나 학생 스스로 일지를 쓰도록 하면 발전 정도를 확인하는 데 도움이 된다.

학급특색교육 주제
학습: 글쓰기, 토의·토론, 온책 읽기, 창의력 문제 해결
관계 형성: 또래 상담, 친목 도모 활동
놀이: 보드 게임. 신체 활동
학급 프로젝트

<나도 프로그래머>

학급을 만들어 함께 공유하기

학급·교내 전시회 열기

<함께 달리는 마라톤>

| 기록을 남기고 학급 내에서 결과를 공유하기 | 단체 마라톤 대회에 참가하기 |

<바른 말과 글 쓰기>

| 학급 문집 발간하기 | 함께 만드는 책 |

학급 특색교육 운영하기

학년이 시작되기 전, 교사가 먼저 주제를 정해두고 학생들에게 제시한다. 저학년이라면 활동 계획도 정해주는 것이 좋으며 고학년은 큰 틀을 만들어주고 학생들 스스로 계획해보는 것도 좋다.

학기 중에는 창의적 체험활동·방과 후·아침 시간 등을 활용하여 특색교육을 운영한다. 활동 중에는 결과물을 남겨두는 것이 학기 말 마무리하기에 좋다. 결과물이 눈에 보이지 않는 주제라면 사진·영상으로 저장해두거나 개인 일지를 작성할 수 있도록 지도한다.

주제	내용	자료	시기
이야기를 통해 함께 가꾸어나가는 교실	· 한 학기 한 권 책 읽기 - 핵심 낱말 또는 문장 찾기, 매일 한 줄 평 남기기 활동 - 독후활동 하기 · 사제동행 독서시간 갖기	학급 도서 및 표현 활동 자료	연중
	· 줄거리, 인물, 배경 등을 소개하는 자료 만들기 · 자신만의 방법으로 이야기를 나타내고 함께 공유하기		3월 연중
	· 이야기 바꾸어 구성하기 - 일정부분 또는 이야기 전체를 구상하여 블록, 그림, 영상, 연극 등으로 표현하고 공유하기		연중
	· 독서 활동 반성 및 마무리하기 · 독서토론 및 독서 골든벨 대회(학급)		연중 7, 12월

교사가 사전에 주제를 계획하기

캘리그라피로 나만의 멋진 글귀 쓰기		나도 프로그래머!	
3월	나의 한 해 좌우명 만들기	3월	프로그래밍 만나기
4월	꽃으로 만드는 나만의 엽서	4월	지구의 날: 어떻게 환경을 살릴까?
5월	부모님께 드리는 캘리그라피 편지	5월	어린이 날: 스파이크 프라임 놀이동산 만들기
6월	나라를 지킨 위인들의 이야기를 읽고 명언 익혀 따라 쓰기	6월	호국보훈의 달: 우리나라를 안전하게 지키자!
7월	캘리그라피 부채 만들기	7월	여름을 대비한 스마트홈 만들기
9월	예쁜 한가위 인사말 쓰기	9월	추석의 풍습을 엔트리로 표현하기
10월	낙엽으로 만드는 캘리그라피 엽서	10월	한글날: 올바른 맞춤법 퀴즈 제작
11월	함께 읽은 책으로 멋진 대사 쓰기	11월	나만의 프로젝트 제작하기
12월	새해를 맞이하는 캘리그라피 엽서	12월	또래 코딩 나눔 축제

모둠 활동을 통해 서로 도우며 발전하기

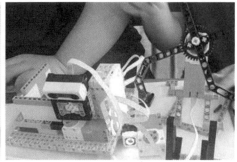
낮은 수준과 높은 수준 학생의 목표 조절

    월 1~2회가량 학급 이벤트를 열어 개인의 성과를 함께 공유할 수 있는 시간을 갖는다. 열심히 한 학생들에게 보상을 주고 학급 전체가 함께 즐길 수 있는 분위기를 조성하는 것이 중요하다. 계절이나 월별로 소주제를 선정하는 것도 좋다. 계기교육과 함께 운영하거나 계절의 특색에 맞게 프로그램들을 운영할 수 있다.

    한편 교사가 선정한 주제에 흥미가 없는 학생들도 많은데, 이때 교사의 역할이 매우 중요하다. 특색교육 활동을 공부나 숙제가 아닌 학급 전체가 함께 하는 즐거운 활동으로 받아들이게 하자. 활동하는 자체만으로도 꾸준한 칭찬과 보상을 제공하고, 단순 반복되는 작업보다는 새로운 것을 체험하도록 하여 흥미를 잃지 않도록 도와주어야 한다. 학급의 분위기도 경쟁 구도가 아닌 협력 구조로 이뤄지도록 하여 성취 수준이 높은 학생들이 낮은 학생들을 도울 수 있도록 이끌어야 한다. 수준을 맞춘 짝 활동이나 모둠 활동으로 함께 결과를 낼 수 있도록 하고 수준에 상관없이 항상 격려해주어 평상시 수업 자체를 힘들어하는 학생들도 특색 활동 시간만은 기다리게 하는, 나만의 멋진 학급 특색교육을 꾸려나가자.

꿀tip 2 특별한 학급 체험학습

• • •

내가 근무했던 학교는 학급별로 자유롭게 체험학습을 다녀오곤 했다. 흔히 생각하는 소풍이 아니라 교과시간에 학교 밖에서 학교주변의 장소와 지역사회의 자원을 활용한 수업을 할 수도 있고 다양한 교과와 연계하여 실시할 수도 있다. 우리 반은 봄이 되면 미술과 수업과 연계하여 학교 주변 공원으로 체험학습을 나갔다. 주변에서 볼 수 있는 조형원리를 탐색하고 사진을 찍어서 다른 학생들과 관찰 결과를 공유하는 활동을 했다. 그리고 국어과 토의 수업에서 체험학습 장소를 토의하여 아이들과 함께 계획을 세워 지역사회 곳곳을 다니기도 했다. 학급 체험학습은 이미 현장에서 많은 선생님들께서 실시하고 있다. 통합교과 계절 수업과 연계하여 지역의 산에 올라 계절에 따른 자연의 변화를 관찰하기도 하고, 사회과 우리 고장 관련 단원과

신흥

2022년도 3학년 1학기 현장체험학습 계획

일시	2022. 4. 7.(목) ~ 12:30-14:30	대상			3학년 1-4반	
목적	◦현장 체험 중심의 미술 수업 실시					
방침	◦미술과 학습내용을 재구성하여 운영한다. ◦교통안전 및 방역수칙을 준수하여 실시한다. ◦학부모의 동의를 얻고 실시한다._붙임1					

소요 예산	연번	품목	규격	단가	수량	금액	사용 시기
	-		-	-	-	-	-
						-	

세부 운영 계획

1. 수업 재구성 이유
가. 학습내용: 미술 4단원 1-3차시(다양한 감각을 활용하여 자연물과 인공물을 탐색하기)
나. 계절의 변화에 따른 **다양한** 자연의 모습을 살펴보기 위해 학교 근처의 입암산에서 학습하고자
함.

2. 세부 일정
가. 일시: 2022. 4. 7.(목) 12:30-14:30 (4-6교시)
나. 지도교사: 3학년 1-4반 교사(총4명)
다. 시간 운영

순	시간	활동 내용	
1	12:20-12:30	안전 교육(교통안전교육, 개인방역수칙)	
2	12:30-14:20	인공물 관찰	학교 시설 입암산으로 이동하는 길에 있는 인공물
		자연물 관찰	학교의 자연 입암산의 자연
3	14:20-14:30	미술 활동지 작성 및 활동 내용 정리_붙임2	
4	14:30~	하교	

라. 불참학생 지도방법: 도서관에서 사서교사와 함께 해당 학습내용 공부

3. 사전답사계획
가. 일시: 4. 5.(화) 15:00~
나. 장소: 입암산 일대
다. 내용: 이동 경로 안전 및 입암산 내 활동 장소 확인

<붙임 1> 가정통신문
<붙임 2> 미술 활동지

연계하여 지역의 명소를 탐방하기도 한다.

학급 체험학습은 사전에 계획을 수립하고 내부 결재를 받아 진행하는 것을 추천한다. 그리고 교외로 나가는 경우 학생들의 안전을 위해서 안전교육을 해야 한다. 학급별 체험학습은 교실수업을 교외로 옮기는 것이므로 사고가 났을 때는 학교안전공제회 혜택을 받을 수 있다. 그래서 학급별로 체험학습을 실시할 경우 교사는 반드시 출장을 내고 가야 한다. 현장체험학습 후에는 관련된 사후 활동을 실시하여 단순한 놀기로 그치지 않도록 한다. 67쪽은 실제로 내가 수립했던 학급 현장체험학습 계획서이니 참고하면 좋을 듯하다.

꿀tip 3 운동회

• • •

봄 운동회, 가을 운동회, 한마음 체육대회, ○○한마당 등 여러 이름으로 바깥 놀이하기 좋은 봄철이나 가을철에 학교에서는 운동회가 계획되어 있다. 코로나로 인해 운동장 가득 학생들이 모여 경기하고 응원하던 모습은 찾아보기 힘들게 되었지만 여전히 학생들이 가장 좋아하고 기대하는 활동이다. 전교생이 한 자리에 모이지 않더라도 학급별로 계획하여 즐겁게 참여할 수 있는 방법을 소개한다.

코로나시대 운동회 운영

동학년이 있는 경우는 동학년 선생님들과 함께 협의를 한다. 코로나19상황에 규모와 장소는 적절한지 등을 살핀다. 정규 교육과정(특히 체육교과)의 내용과 시수를 충분히 활용할 수 있는지도 고려해야 한다. 또 우천이나 기상악화 시 대책을 세우는 것도 필요하다.

방법
- 학년이 같은 날에 운영하되, 경쟁이 아닌 4가지 체육활동을 체험하는 방법으로 운영한다.
- 1교시 학년별로 모여서 개회식 및 준비운동을 한다. (교실 또는 시작하는 체험장소)
- 2교시~5교시 학급별 체육활동 체험을 한다.
- 강당, 운동장, 교실, VR 체험실등 장소를 다르게 하여 40분씩 체험을 하고 로테이션 하는 방법으로 체험할 수 있도록 한다.
- 밀집도를 최대한 낮추기 위해 개회식은 학급에서 방송을 통해 진행하는 방법도 좋으며, VR 체험실과 같은 시설 대신에 학교에 활용 가능한 특별실을 찾으면 된다.
- 담임선생님들이 한 가지씩 체험을 맡아 운영하고, 체육교과전담, 스포츠강사의 지원을 받아 다양한 프로그램을 운영할 수 있다.

꿀tip 4 학예회

• • •

학예회는 꿈자람 발표회, 재능발표회, 학예발표회, 꿈동이 재능 한마당, 학습성과 발표회 등의 다양한 명칭으로 학교 교육활동에 계획되어 있다. 학예회는 학생들의 학습과정이나 결과물, 능력을 발표하면서 교육적인 효과를 얻고자 하는 것으로 학생들의 발표뿐만 아니라 그동안의 학습결과물이 함께 전시되기도 한다. 그래서 대부분의 학교가 학년이 마무리 되어가는 11월 정도에 계획되어 있다.

학예발표회가 다가오면 따로 시간을 내 연습하며 정해진 시간에 맞춰서 무대에 오르내리기를 반복하고 무대 위에서의 5분을 위해 연습, 또 연습을 하며 반별로 경쟁적으로 준비하기도 했었다. 여러 사람들 앞에서 준비한 것을 발표한 후에 얻어지는 자신감과 성취감도 있겠지만 돌아보면 과연 준비의 과정에서 학생들은 행복했을까 하는 의구심도 들었다.

학예회 종목은 댄스, 뮤지컬, 연극, 영어연극, 노래, 기악합주, 악기연주 등 다양하게 선택할 수 있다. 우리 학년의 교육과정 속에서 주제를 찾자. 그리고 우리 반 학생들이 좋아하는 것도 생각해 보자.

학예회에 닥쳐서 종목을 선정하면 시간을 따로 빼서 많이 연습을 해야 하고 그러다보면 연습을 덜해도 뭔가 있어 보이는 것 또는 교육과정과 전혀 관련 없는 쉬운 것이나 학생들이 하기 싫어하는 것을 억지로 강요하게 되는 경우도 있다. 학예회 종목을 학생들과 미리 선정하고 관련된 교과시간에 조금씩 준비해 나가면 목표를 이루고자 하는 연습의 과정도 여유롭게 즐기면서 할 수 있다. 발표결과가 미흡해도 함께 연습하고 노력한 그 과정에서 즐거움과 배움의 의미를 찾아갈 수 있다.

신규교사의 교육철학 갖기

소중한 우리 아이들: 학급의 비전과 목표를 위해, 열정을 다해

● ● ●

나의 신규시절은 한마디로 우왕좌왕이었다. 내가 꿈꾸던 학급은 1주일 만에 현실과는 반대로 흘러갔고 시행착오도 많았다. 하루하루를 무사히 넘기는데 안도했고 에코백 한가득 만들 거리와 일거리를 가지고 퇴근을 했다. 정신없는 시간을 보낸 것 같지만 그래도 가장 열정이 많았던 시간이었다.

1정 자격연수를 받고 나서부터 5년 정도 되니 월별 이벤트, 사랑의 온도계, 마음신호 등 남들이 좋다하는 것들을 이것저것 다 적용해 보았다. 나는 편했지만 학생들 반응은 별로였던 것들, 학생들은 좋아했지만 나는 힘들었던 것, 모두가 다 좋았지만 '왜 했지?' 라는 의문을 남겼던 것, 내년에도 꼭 해 봐야지 했던 의미 있던 한두 가지. 넘쳐나는 자료 중에서 마치 장바구니에 필요한 물건을 담듯 수많은 시도를

했던 시기였다.

10년쯤 되니 정체기가 찾아왔다. 귀찮은 것은 넘기게 되고 편한 방법으로도 학생들이 잘 따라 와주면 거기에 만족했다. 어느 정도 익숙해진 내 것이 생기면서 새롭게 무언가를 바꾸는 것에 대한 거부감이 생기기도 했다. 다른 사람들에게 도움과 조언을 하기도 했고, 변화가 필요하지만 남의 것을 무조건 받아들이기는 힘든 시기였다.

10년을 넘어가니 그동안의 경험 속에서 '내 것'을 찾아가야 하는 필요를 느꼈다. 이상적인 반의 모습을 그리고 목표를 이루기 위한 활동들에 대한 계획도 세워본다. 우리 반 학생들의 실태를 먼저 살피게 되고 함께 일구어 나가야 할 것이 무엇일까 고민하게 되었다.

나만의 교육철학을 가져요

• • •

'교육철학'이라고 하면 너무 거창하고 어렵게 다가온다. 1급 정교사 자격연수 강의에서 선배교사가 '나만의 교육철학'을 가져야 한다고 했을 때 나 역시 그랬다. 교사는 나만의 교육철학이 있어야 한다는 강사의 말에 모든 미사여구를 다 동원하여 한 문장을 만들려고 애썼던 기억이 난다. 그러면 그렇게 해서 나만의 교육철학이 생겨난 것일까?

'철학'의 사전적 의미는 '자신의 경험에서 얻은 인생관, 세계관, 신조 따위를 이르는 말.'(네이버 국어사전)이다. 당연히 '경험'이 적었던 그때 나만의 교육철학이 확고하긴 어려웠을 것이다. 그렇다고 경험이 많은 교사가 꼭 더 괜찮은 교육철학을 가지고 있다고 단언하기도 어렵지만 '경험'이 중요한 것은 사실이다. 그러면 한 해 한 해 의미 있는 경험을 쌓아가기 위해 어떻게 해야 할까?

먼저 내가 바라는 우리 반의 모습을 한번 머릿속에 그려보자. 한 시간의 수업시간에도 달성해야 할 목표가 있듯이 한해를 보내는 우리 반에도 목표가 있어야 한다. 우리 반의 지금 모습과 내가 바라는 이상적인 학급의 모습을 그려보면서 학급의 목표를 만들어보자. 학급목표를 잘 세우면 교과시간 뿐만 아니라 학급특색교육을 계획할 때에도 일관성 있게 큰 흐름을 향해 나아갈 수 있어 좀 더 의미 있는 활동들이 이루어질 수 있다. 교사도 학생도 방황하지 않고 덜 흔들리면서, 좀 더 즐거운 한 해를 보낼 수 있다.

여기저기 만들어진 학급교육과정에서 남의 것을 보고 따라만 하다 보면 내가 하고 싶은 것과 남의 것이 주먹구구식으로 섞일 수 있다. 다른 사람의 것을 보기 전에 조금 부족하더라도 내 것을 만드는 연습을 한번 해보자.

현재 우리 반 학생들의 모습을 살펴서 미래의 변화될 모습을 생각하자. 현재 우리 반 학생들에게 가장 중요한 것이 무엇일까 생각한다. 이때 중요한 가치나 덕목을 (배려, 존중, 용기, 노력, 긍정, 성실 등)를 떠올리면 목표를 정하기가 쉽다. 목표가 정해지면 목표를 이루기 위한 구체적인 활동을 적어보자. 이 활동은 교과와 학교상황을 생각하면서 정해본다.

그리고 교사만 알고 있는 것이 아니라 우리 반 전체가 함께 그 목표를 알 수 있도록 하자. 너무 당연한 것인데 혹시 교사 혼자서만 알고 학급 교육계획의 앞장에 몇 문장으로 남겨진 채 넘어가고 있지는 않은지 꼭 살펴봐야 한다. 학급의 목표가 공유될 때 학습의 과정에서도 학교생활의 장면 속에서도 기준이 된다. 학생들과 함께 학급규칙을 정할 때도 재미에만 치우치지 않고 필요를 찾아갈 수 있다. 모두가 당연하고 의미 있게 받아들여서 서로가 지속적이고 일관되게 그 목표를 추구할 때 변화가 생기는 것이다.

그러면 학급의 목표는 한번 정해지면 변하지 않는 것일까? 목표를 향해서 끊임없이 노력하는 것은 필요하지만 학생들이 변화하고 상황이 변화하면서 그 목표가 수정될 수도 있다. 당연히 교육철학도 한번 정해지면 변치 않는 것이 아니다. 중요한 것은 목표를 향해서 일관성 있게 지도하고 함께 노력하는 것이다. 이렇게 한 해 한 해를 소중히 살아가면 그 경험이 쌓여서 나만의 교육철학이 만들어질 것이다.

- 선생님 너무 힘들어하지 마세요.
- 당신은 이미 최고입니다.

2부

생활지도

신규 교사도 쉽게 따라하는 생활지도 가이드

전교생이 5명인 어느 섬마을 분교가 내 첫 부임지다. 한 반에 2명인 학급을 경영해봤고, 한 반에 30명이 넘는 학생들과도 생활해봤지만 결국은 어느 학급이든 생활지도가 가장 중요했다. 학생 수가 2명이어도 30명일 때도 다양한 어려움이 존재한다. 생활지도를 어떻게 하면 성공할 수 있을지에 대한 고민은 대한민국의 교사라면 누구나 하고 있을 것이다. 성공이냐 실패냐의 기준은 명확하지 않고, 남들은 판단할 수 없겠지만 나 스스로는 분명히 알 수 있다. 누구나 실패는 한다. 그리고 그것이 교사의 잘못이라고 단정할 수도 없다. "괜찮다. 힘내라." 형식적으로 들릴지 모르는 이 말이 지금 학급을 경영하며 혹시 눈물 흘리고 있을 당신에게 꼭 필요한 말이라는 것을 안다. 나 또한 교육경력이 10년이 넘었을 때, 마음이 너무 아프고 힘들어서 「신·명·나」 식구들 앞에서 펑펑 울었으니까.

1장

생활지도 10계명

이 세상에 다양한 사람이 있듯이 학교에도 각기 다른 성향을 지닌 학생과 학부모가 있다. 같은 상황을 두고 교사, 학생, 학부모는 상황을 보는 관점이 다르며 서로의 생각이 다를 수 있다. 그래서인지 나와 다른 사람들과 함께하는 순간은 긴장되고 신경을 곤두세우게 된다. 생활지도를 처음 시도하는 신규 교사에게는 학부모와 의견을 나누는 일이 더욱 부담스럽고 힘들게 느껴질 수 있다. 근심과 걱정 가득한 선생님의 무거운 마음을 덜 수 있는 10가지 계명을 만들어보았다.

1계명 | 문제 상황이 생기는 것은 당연하다

대부분의 학생은 교사가 생각하는 것 이상으로 부족한 점이 많다. 세상에 대해 아는 것보다 모르는 것이 훨씬 많고 아직 해보지 못한 것이 수두룩하다. 때문에 학생들과 관련하여 문제 상황이 생기는 것은 당연한 일이다. 모든 학생이 모범생처럼 행동해야 한다고 생각하기보다는 언제든지 학생들이 서로 말다툼할 수 있고, 몸싸움을 할 수도 있으며, 다른 친구를 괴롭힐 수도 있고, 장난을 치다 다칠 수도 있음을 염두에 둘 필요가 있다. 하지만 아직 어리숙하다고 해서 모든 행동을 용인하라는 의미는 아니다. 학생들에게는 어리숙한 면과 동시에 성숙한 면도 볼 수 있다. 교사가 학생을 바라보는 관점과 사용하는 언어 수준을 적절히 맞춰준다면 학생들은 교사의 말을 충분히 이해할 수 있다. 그러므로 올바른 말과 행동을 자주 알려주고 그 필요성과 나타날 수 있는 모습을 자세히 전달하는 것이 필요하다.

2계명 | 해결사가 되려고 하지 말자

교사는 모든 것을 해결할 수 있는 사람이 아니다. 과도한 책임감으로 해결사가 되려고 해서는 안 된다. 결과보다 과정에 집중하며 학생들이 왜 그랬는지 무엇을 원하는지 왜 이렇게 해야 하는지 원활하게 소통하도록 노력해야 한다. 조금 느리더라도 학생들이 스스로 해결할 수 있게 이끌어주고 기다려주자.

3계명 | 온전하게 듣기가 출발점이다

성공적인 대화에서 빠지지 않는 요소는 '상대방이 이야기를 끝마칠 때까지 모두 집중해서 들어주는 것'이다. 누구나 나의 이야기를 온전하게 들어주는 사람을 좋아하고 그 사람의 이야기 또한 집중해서 듣고자 노력한다. 서로 이야기를 경청한다면 각자의 말에 담긴 생각이 상대방에게 정확하게 전달될 수 있다.

학교에서의 대화도 마찬가지다. 교사가 학생의 이야기를 온전하게 들어야 학생들도 '선생님이 이야기를 들어 주시는구나.' 하며 교사의 말에 귀를 기울인다. 이는 교사와 학부모의 관계에서도 똑같이 적용된다. 교사와 학생, 학부모의 의사소통이 잘 이루어지는 학급에서 나타나는 생활교육이 쉽게 실패할 수 있을까?

4계명 | 학생들의 진정한 욕구에 집중하자

학교에서 학생들이 서로 어울리다 보면 문제 상황이 많이 발생한다. 서로의 의견이 충돌하여 싸우기도 하고 중요하게 생각하는 가치가 일치하지 않아 부당한 일이 벌어지기도 한다. 이런 상황에서 많은 학생들은 상대가 나보다 얼마나 더 잘못했는가를 따지고 그 잘못의 크기만큼 똑같이 손해를 보거나 나에게 용서를 구하거나 선생님께 혼이 나기를 원한다. 특히 사과를 주고받으며 서로 용서하고 나면 다시 사이좋게 지낼 수 있다고 말하는 학생들이 대부분이다. 그러나 학생들이 원하는 방향으로 문제를 해결하면 얼마 지나지 않아 같은 문제가 다시 발생하는 경우가 많다. 문제가 생겼던 순간에 대한 조치는 이루어졌으나, 앞으로 동일한 일이 생기지 않도록 예방하는 조치는 없었기 때문이다.

핵심은 서로가 서로에 대해 알아가는 것이다. 문제 상황과 관련 있는 모든 학생은 저마다의 입장이 있고 관념이 다르다. 그 차이로 문제가 발생했으니 그 해결 또한 서로의 입장과 관념을 이해하며 차이를 좁히는 것에서 출발해야 한다. 이를 위해 학생들이 스스로 감정과 그 내면에 있는 욕구를 서로 이야기하고 경청할 수 있는 대화를 많이 해야 한다. 그리고 상대방의 욕구를 이해하고 인정하는 순간부터 학생들의 사이는 이전보다 발전할 수 있다.

5계명 | 같은 기준을 적용하자

학생들이 선생님에게 가장 불만을 느끼는 순간은 언제일까? 쉬는 시간인데도 수업할 때? 체육 수업을 하기로 하고서 다른 과목 수업할 때? 정답은 선생님이 '이랬다저랬다' 할 때이다. 교실에서 선생님은 옳고 그름의 기준을 정해야 할 때가 많다. 그런 선생님이 명확한 기준이 없이 생활지도를 한다면 학생들은 혼란에 빠진다. 사실 학생들은 어떤 행동을 할 때 옳고 그름을 판단하지 않고 내키는 대로 그냥 하는 경우가 더러 있다. 해도 되는 행동과 안 되는 행동을 스스로 인지하게 하려면 학급 안에서 모두가 공유하고 있는 기준이 있는 것이 도움이 된다. 학급규칙 세우기, 칭찬과 보상 방법을 적절히 활용하는 것이 매우 중요할 것이다.

6계명 | 학생들에게 어떤 존재가 되어줄지 생각해보자

학생마다 바라보는 선생님의 모습은 다르다. 어떤 학생은 교사에게 거리를 두고 '선생님은 공부를 가르쳐주는 사람'이라고 생각한다. 또 어떤 학생은 교사를 자신의 엄마 혹은 아빠와 동일시하거나 형제자매로 여기며 행동하기도 한다. 심지어 교사가 자신의 친구라고 생각하는 학생들도 종종 있다. 이 모습들은 각자에게 필요한 사람이 누구인지를 반증한다. 또한 교사가 학생에게 다양한 방향으로 영향을 줄 수 있음을 의미하기도 한다. 생활지도를 잘하고 싶다면 모든 학생에게 일률적인 모습으로 다가가지 말고, 학생의 성향에 맞게 어떤 학생에게는 부모님이 되어주고, 어떤 학생에게는 친구처럼 다가가자.

7계명 | 솔선수범하자

학생들은 교과목을 통해서도 배우지만, 다양한 경험을 통해 배움을 내면화한다. 반대로 자신이 올바르다고 배운 지식과 겪은 일에 괴리가 생긴 경우에는 스스로의 가치나 관점에 혼란이 생기거나 잘못된 방향으로 배움이 일어난다. 이런 이유로 교사는 언제나 솔선수범해야 한다. 학생들이 독서시간에 읽기 활동에 집중하기를 바란다면 교사부터 독서시간에 책을 들고 읽는 모습을 보여야 한다. 또 학생들이 친구들과 서로 바른 언어를 사용하길 바란다면 교사부터 매사에 올바른 언어를 사용해야 한다. 교사의 모범적인 언어 사용법, 자연스럽게 모범적인 행동을 따라할 수 있는 교실놀이 등의 다양한 방법을 사용해보자.

8계명 | 감정을 언어로 표현하자

학교에서 벌어지는 수많은 문제 상황은 진심 어린 대화를 통해 대부분 해결할 수 있다. 이때 학생들이 스스로 감정을 구체적인 언어로 표현할 수 있어야 상대방과의 소통이 원활해진다. 따라서 평소에 학생들이 다양한 감정을 느껴보도록 하고 그것을 언어로 표현하는 활동을 자주 해보는 것이 필요하다. 나 메시지 전달법과 같은 소통법을 익혀 활용하는 것이 감정을 언어로 표현하는 좋은 방법이 될 것이다.

9계명 | 학부모와의 소통은 편안하게 하자

교사와 학부모가 서로 연락해야 하는 이유는 매우 많다. 학생의 건강이 좋지 않아서, 사정이 생겨서 등교할 수 없어서, 학부모에게 무슨 일이 생겨서, 학생이 친구랑 싸워서, 선생님과 학생 사이에 있던 일로, 전학 가게 되어서, 고마움을 표현하기 위해서 등 다양하다. 그리고 이 모든 연락은 1년 동안 학생을 지도하는 데 필요한 것들이다.

교사가 학부모에게 먼저 연락하는 경우에는 대화할 내용을 미리 메모하면 부담을 줄이는 데 도움이 된다. 메모해둔 내용을 보면서 차분하게 전달한다는 느낌으로만 연락을 해도 충분하다. 반대로 학부모가 먼저 전화를 걸어온 상황이라면 대화의 속도를 교사가 원하는 만큼 늦춰도 좋다. 연락해온 학부모가 급하게 어떤 정보를 요구하거나 흥분된 상황일지라도 교사가 조치할 수 있는 범위는 어느 정도 정해져 있다. 따라서 차분하게 필요한 내용을 재차 확인하며 대화를 이어나가면 된다.

10계명 | 스트레스를 해소하자

아무리 훌륭한 교사라도 자신이 온전하지 못한 상황에서는 제대로 된 교육활동을 할 수 없다. 교사의 말과 행동에서 자신도 모르는 사이에 자신의 스트레스가 표출된다. 이는 학생들에게 혼란을 주기도 한다. 앞서 이야기했듯이 교사는 학생들에게 모범이 되어야 하고, 생활지도를 할 때 기준이 명확히 있어야 한다. 하지만 나의 내면에 쌓여있는 스트레스는 객관적인 판단을 하지 못하게 하고 감정적인 대응을 유발한다. 평소에는 유쾌하게 넘겼던 학생들의 장난과 농담에 갑자기 화를 낸다면 학생들은 얼마나 당황스러울 것인가? 나도 모르게 나오는 짜증 섞인 말들이 과연 학생들에게 모범이 될 것인가? 그러므로 우리는 우리 안에 쌓여있는 스트레스를 잘 풀어내야 한다. 좋아하는 운동을 하거나, 악기를 배우거나 때로는 동학년 선생님들과 함께 커피 한 잔 마시며 수다를 떨어보자. 그렇게 하고 나서 학생들을 바라보라. 학생들의 눈이 그렇게 사랑스러웠는지 학생들의 말이 그렇게 귀여웠는지 다시 한 번 느끼게 될 것이다.

2장

과연 제대로
칭찬하고 있을까?

'칭찬'을 들으면 기분이 좋다. 교사는 학생들이 좋은 방향으로 변화하기를 바라면서 칭찬을 한다. 그런데 칭찬이 무조건 좋기만 할까? 칭찬은 어떻게 하느냐에 따라 독이 될 수도 있고 약이 될 수도 있다고 한다. 그래서 제대로 된 칭찬을 해야 한다. EBS 교육프로젝트 〈학교란 무엇인가〉의 '칭찬 속의 진실게임' 편을 보면 내가 무심코 해왔던 칭찬에 대해 과연 제대로 칭찬하고 있는지 생각해 보게 된다.

그렇다면 잘못된 칭찬은 무엇일까?

● ● ●

◆ 평가가 포함된 칭찬

"받아쓰기 100점이네! 자랑스럽다. 우리 민교."

평가가 내포된 칭찬은 100점 맞은 것은 잘한 행동이고 그렇지 못한 것은 잘못된 행동으로 치부하여 다음에 '100점을 맞지 못하면 어쩌지?'라는 불안감을 갖게 한다.

◆ 학생의 노력과 관련이 적은 막연한 칭찬

"넌 원래 착하니까 잘 할 수 있어."

"인효는 머리가 좋으니까 풀 수 있을 거야."

막연한 칭찬은 학생의 자존감을 높여주는 것이 아니라 스치는 인사말과 같이 느껴지거나 부담감만 줄 수 있다. 더불어 타고난 것에 대한 칭찬은 좋지 않다. 스탠퍼드 인간성장 프로젝트 《마인드셋》의 저자 캐럴 드웩 교수는 잘못된 칭찬은 재능이나 소질 등 타고난 것에 대한 칭찬인데 이런 것을 '고정형 사고방식'으로 정의하고 있다. 개인의 노력이나 전략실행, 집중력, 인내심 같은 '성장형 사고방식'을 길러내는 칭찬을 해야 한다고 한다. 다음과 같은 실험을 통해서 타고난 것에 대한 칭찬이 가지는 위험성에 대해 언급하고 있다.

> 비언어 IQ테스트 중 상당히 어려운 10개의 문제를 다 푼 학생들을 칭찬했다.
> 한 집단에게는 능력을 칭찬했다.
> "8문제나 맞혔구나! 잘했어, 너 정말 똑똑하다."
> 다른 집단에게는 노력을 칭찬했다.
> "8문제나 맞혔구나! 잘했어, 정말 열심히 공부했나 보구나."
> 능력을 칭찬받은 학생들은 자신의 재능을 의심받을 일은 하지 않기 위해

더 어려운 문제에 대한 도전을 거부했다. 더 어려운 문제를 못 풀었을 때 더 이상 자신이 똑똑하지 못하다고 생각하게 되고 성공하지 못한 것은 똑똑하지 못하다는 의미로 받아들이기 때문이다.

노력에 대해 칭찬받았던 학생들은 90% 이상이 새로운 도전을 받아들였고, 어려운 문제를 풀지 못한 상황을 단지 '더 노력하거나 다른 전략을 써 보자.'라고 받아들였다.

출처: 《마인드셋》

◈ **바람직하지 않은 행동에 대한 칭찬**

"대충하긴 했지만 그래도 잘했어. 다음엔 더 잘할 수 있을 거야."

바람직하지 않은 행동을 칭찬하는 것은 위로가 아니다. 용기를 주는 것처럼 보이지만 '잘못을 해도 괜찮나?'로 받아들일 수 있다.

거짓말을 해서라도 잘해내기, 도전하지 않기(쉬운 문제만 풀어서 좋은 결과를 얻기) 등 칭찬의 역효과와 잘못된 칭찬에 대해 알고 나면 칭찬을 하기가 조심스럽다. 그렇다고 칭찬을 하지 않는 것이 좋을까? 아니다. 칭찬은 분명히 좋은 점이 훨씬 많다. 칭찬의 역효과에 대해 교사가 인지하고 현명한 칭찬을 하도록 연습하자.

현명한 칭찬이란 무엇일까?

• • •

◈ 결과보다는 과정을 칭찬한다

"100점 맞았네. 훌륭해!"라고 말하기보다는"열심히 노력했구나.", "생각을 오래 하더니 드디어 알아냈네!"처럼 노력한 과정을 칭찬하는 것이 좋다.

◈ 구체적인 내용으로 칭찬한다

"너도 하고 싶었을 텐데 동생에게 양보하는 걸 보니 대견하다."

바른 행동을 했을 때 마냥 잘했다고 칭찬하기보다는 학생이 이해할 수 있도록 구체적이고 자세하게 말해줘야 한다.

◈ 따뜻한 표정과 행동도 칭찬이다

학생의 행동을 칭찬할 때 꼭 말로 해야 하는 것은 아니다. 눈을 맞추고 따뜻한 표정을 짓는 것, 머리를 쓰다듬거나 엄지를 척! 하고 내보이는 행동과 같은 비언어적 표현 또한 칭찬에 해당한다.

◈ 행동 내레이션

교실에서 학생의 잘한 행동을 과장하지 않고 있는 그대로 말해주는 행동 내레이션을 연습해 보면 현명한 칭찬을 할 수 있다. 유튜브 꿀잼 교육연구소 허승환 선생님의 '칭찬이 우리 반을 망친다?' 편에서는 칭찬을 레벨 있게 하는 비법으로 '행동 내레이션'을 알려준다. 행동 내레이션은 학생이 해야 할 일에 초점을 맞추는 격려의 형태이다. 예를 들어 선생님의 심부름 부탁을 들어준 학생에게 "시효는 정말 착해!"보다는 "시효가 선생님을 도와줘서 고맙구나!"라고 잘한 행동을 그대로 말해주는 것이다. 칭찬의 역효과에 대해 알고 나서 칭찬하는 것에 대한 부담을 느끼며 주저할 때 이 방법을 접하고 나서 적용해 보니 훨씬 더 편안한 마음으로 칭찬을 할 수 있었다.

칭찬의 고수

상황: 수학 시간에 수학책을 꺼내야 하는 상황

하수 (못하는 학생에게 집중)
"수학책 아직도 안 꺼냈어? 선생님이 몇 번을 말했니?"

중수 (잘하는 학생에게만 집중)
"1모둠 너무 잘했어. 칭찬!"

고수 (행동 나레이션)
잘한 행동을 관찰하여 있는 그대로 말해주기
"세은이와 인효는 수학책을 꺼내고 있습니다."

3장

교사의 언어사용
어떻게 해야 할까?

사람의 마음이 담아져 그대로 드러나는 것이 말이다. 말을 통해 교사의 마음이 고스란히 학생들에게 전해지게 된다. 교사의 가벼운 언행이 학생들에게 미치는 영향이 크기 때문에 정선된 언어를 사용해야 하고, 대화의 기술을 연마해야 한다. 어떻게 정선된 언어를 사용해야 하는지 모를 때에는 혼자서 고민하지 말고 자녀교육서, 대화의 기술, 상담, 회복적 대화와 관련된 책을 읽거나 전문가의 도움을 받는 것이 좋다. 요즘 나는 프로그램 〈오은영의 금쪽 상담소〉와 〈EBS 교육 프로젝트 학교란 무엇인가〉를 보고 있다. 그 속에서 엄마로서 또 교사로서의 언어 습관에 대해 성찰하고 있는 중이다.

책이나 연수 등에서 찾은 방법 중 내가 할 수 있는 것을 몇 가지 시도해 보고 변화시켜 보려고 노력하는 것 또한 중요하다. 말에도 연습이 필요하다. 처음에는 어색하지만 지속적으로 사용하다 보면 자연스러운 '나의 것'이 될 수 있다. 그중 자연스러운 내 것이 된 두 가지를 소개해본다.

학생들도 어른과 같은 인격체로 존중하여 말하기

같은 의미의 말도 어떤 방식으로 전달되느냐에 따라 학생들의 반응과 생각이 달라진다.

"조용히 해."
"의자 집어넣어라."
"한 줄로 서서 가라."
"복도에서 뛰지 마라."
"이 휴지 좀 주워."
"계속 그렇게 하면 쉬는 시간 없앤다."

누군가 나에게 일방적으로 무언가를 하라고 강요한다면 일단 'No'라는 생각부터 들게 된다. 학생들도 마찬가지다. 교사가 명령하듯 행동 교정을 강요하면 "싫은데요?", "왜 저만 가지고 그래요."라는 짜증 섞인 말이 나오거나 마음속에 '자기나 잘하지.' '또 시작이야.'라는 불만이 쌓인다. 학생의 상황은 고려하지 않고 교사의 욕구만 반영된 말이기 때문이다. 동료나 어른들에게 함부로 하지 않듯 학생들도 어른과 같이 똑같은 인격체로 존중하는 태도가 필요하다.

스위치 대화법 활용하기

《스위치 대화의 힘》에 나오는 '스위치 원리'는 먼저 욕구를 인정한

다음 질문을 통해 당위성을 이끌어내는 대화법이다.

수업시간이 되었는데 친구에게 계속 장난을 치는 상황

당위성만 말한다면?
"김민교! 장난 그만하고 여기 봐라"

⇩

스위치 대화는?

첫 번째! 욕구를 인정해주고
"민교가 지금 좀 더 놀고 싶구나."

두 번째! 당위성은 질문으로
"사회공부가 시작되었으니 쉬는 시간에 친구랑 신나게 놀아도 될까?"

해야 할 일(당위성)만 말하면 반감이 생기지만 스위치 대화를 이용해서 "~ 하고 싶었구나."라며 욕구를 인정해주는 말을 먼저 하면 일단 '내 마음을 알아주는 구나.' 라는 생각에 마음이 풀린다. 그다음에 해야 할 일을 말하는데 이때 질문형으로 바꾸어서 학생에게 선택의 여지를 준다. 처음에는 어색했지만 익숙해지고 나니 교실뿐만 아니라 일상의 대화에서도 많은 도움을 받았던 방법이니 꼭 활용해보기를 바란다.

학생 상담, 학부모 상담 잘하는 방법

3월 한 달은 눈코 뜰 새 없이 바쁘다. 모든 것이 처음인 신규 교사는 학교 메신저에 쏟아지는 각종 안내를 읽고 내용을 숙지하여 학생들에게 다시 안내하는 것만으로도 벅찬 하루를 보낸다. 특히 학생, 학부모를 처음으로 상담하게 되는 상담 주간에는 더욱 그렇다. 만난 지 얼마 되지 않은 학생들에게는 어떤 말로 상담을 시작해야 할지, 학부모에게는 어떤 말투와 목소리, 어떤 주제로 이야기를 꺼내야 할지 등 여러 가지 고민이 생긴다. 교직 생활에서 첫 상담을 앞둔 신규 선생님들에게 조금이나마 도움이 되고자 나의 경험에서 우러나온 비법을 풀어본다.

학생 상담하는 잘하는 방법

· · ·

◆ **학기 초 학생 상담은 왜 해야 할까요?**

학생과 상담하는 방법을 이야기하기 전에 생각해봐야 할 것이 있다. 우리는 학기 초 상담을 꼭 해야만 할까? 함께 생활하면서 자연스레 알게 되는 내용을 바탕으로 그때그때 상담하는 것이 효율적이지 않을까? 이처럼 학기 초 상담을 왜 해야 하는지에 대해 의문을 가진 선생님이 있다. 잘 알지도 못하는 학생, 학부모와 이야기를 나누는 게 의미가 없다고 생각하는 선생님도 봤다. 도대체 우리는 3월 초에 상담을 왜 하는 것일까?

여러 해를 겪으며 든 생각을 말해보자면, 학기 초 상담은 하는 것이 좋다. 학생과 좋은 관계를 형성하고 학생의 상태를 파악하는 데 큰 도움이 되기 때문이다. 학생들은 학교에 올 때 약간의 긴장감을 가지고 등교한다. 특히 저학년일수록 그 긴장감이 큰 경우가 많다. 학교에 오면 편안한 마음을 느껴야 하는데 아직 새로운 교실과 선생님, 친구들에게 적응되지 않은 학생에게는 긴장되고 힘들게 느껴질 수 있다.

이때 학생의 마음을 '똑똑' 두드리는 상담을 통해 내면을 알아준다면 선생님에 대한 신뢰도를 쌓을 수 있을 뿐만 아니라 좋은 관계를 형성할 수 있는 발판이 된다. 그리고 학생의 가정환경, 학습 수준, 교우관계 등 학생이 처한 환경을 마치 요약본처럼 간단하고 빠르게 알아볼 수 있다. 학생에 대한 더 자세한 사항은 차근차근 알아가겠지만, 학생에 대한 정보가 없는 시기에는 상담을 통해 알아낸 작은 정보들이 학습을 지도할 때나 생활지도를 할 때 큰 도움이 되는 경우가 많다. 무엇보다 학생들이 선생님과의 상담을 기다리고 기대하는 것도 상담을 해야 하는 이유 중 하나가 될 수 있다. 서로 어색하지만, 어색한 대로 의미 있는 상담, 1년 학급살이를 행복하게 꾸려나가는 첫 단추이자 "그땐 그랬었지." 하며 회자되는 소중한 추억이 될 수 있으니 한 번 시도해 보기를 추천한다.

학기 초 학생 상담을 할 때와 학기 중 일반 상담을 할 때는 상담의 목적이 다르기 때문에 상담의 내용에 차이가 있다. 학기 초 상담을 앞둔 교사는 학생에게 물어볼 만한 질문 목록을 만들고 대부분 학생들에게 비슷한 내용으로 상담한다. 학기 초 상담은 학생과 좋은 관계를 형성하고 학생에 대한 기본 정보를 파악하기 위한 목적이기 때문에 상담하는 과정은 아래에서 자세히 다루기로 하고 학기 초 상담 시 활용할 수 있는 질문을 몇 가지 살펴보고자 한다.

1. 교우관계: 쉬는 시간이나 점심시간에 주로 누구와 무엇을 하며 시간을 보내고 있나요?
2. 학습 흥미: 좋아하는 과목 또는 활동, 싫어하는 과목 또는 활동은 무엇인가요?
3. 고민 파악: 요즘 들어 제일 많이 하는 고민은 무엇인가요?
4. 학교 폭력 실태 파악: 학급에서 고치고 싶은 점이 있나요? 학교에서 누군가에게 괴롭힘을 당한 적이 있나요? 어떻게 하면 그 문제를 해결할 수 있을까요?
5. 생활 습관: 방과 후 주로 무엇을 하며 시간을 보내나요?
6. 가정환경: 집에서 주로 무엇을 하며 시간을 보내고 있나요? 가족과 있었던 일 중에서 가장 행복했을 때는 언제인가요?

7. 성향 파악: 자신의 장단점은 무엇이라고 생각하나요?

8. 장래희망: 자신의 꿈과 그 꿈을 선택한 이유는 무엇인가요?

9. 학급경영: 우리 반에서 가장 행복하다고 느낄 때는 언제인가요? 우리 반에서 잘 지켜지지 않고 있는 것은 무엇인가요? 앞으로 친구들과 생활 하면서 우리 반에 필요한 점이 있나요?

◆ 학생 상담은 어떻게 할까? 상담 과정 8단계

상담에는 굉장히 다양한 종류가 있다. 한 사람씩 교사와 이야기를 나누는 개인 상담, 친구들과 함께 하는 집단 상담, 글로 전체의 의견을 묻는 쪽지 상담 등 방법은 매우 다양하다. 그중에서 우리가 학교 생활 속에서 가장 빈번히 이루어지는 개인 상담은 어떻게 하면 좋을까?

누군가와 일대일로 속 깊은 대화를 나누고 좋은 관계를 형성하기 위해서는 여러 가지 노력이 필요하다. 대화 주제와 같은 내용적 요소 이외에도 다양한 환경적, 비언어적 요소들을 신경 써야 한다. 학생을 상담할 때 유의해야 할 점을 세심하게 살펴 준비한다면 훨씬 부드러운 분위기 속에서 상담이 이루어질 수 있다.

유의점을 포함하여 학생 상담의 진행 과정을 8단계로 나눠보았다.

1단계 : 조용하고 안정된 환경 만들기

2단계 : 비언어적 태도를 통한 관계 형성하기

1단계 : 조용하고 안정된 환경 만들기

상담할 때에는 학생이 편하게 이야기할 수 있도록 따뜻하고 안정된 환경을 만들어 주어야 한다. 책상 배치를 바꾸어 마주 볼 수 있도록 만들어 두거나 예쁜 테이블보를 까는 등 상담을 위해 간단히 준비해두면 긴장됐던 마음을 조금 내려놓을 수 있다. 그리고 우울할 때 초콜릿을 먹으면 기분이 나아지듯이 상담 장소에 달콤한 간식을 준비해두는 것도 도움이 된다. 무엇보다 다른 사람에게 방해받지 않고 온전히 대화에만 집중할 수 있는 공간을 상담 장소로 정하여 상담의 흐름이 끊기지 않도록 하는 것이 가장 중요하다.

2단계 : 비언어적 태도를 통한 관계 형성하기

의사소통에 있어서 말보다 비언어적 요소가 더 큰 영향을 줄 때가 있다. 말로 표현하지 않아도 눈빛, 표정, 말투, 행동 등에서 상대방의 마음이 느껴지기 때문이다. 상담할 때는 약간 앞으로 기울인 자세와 눈높이를 맞춰서 눈 맞춤을 적절하게 유지하며, 말의 속도는 천천히

하되 고개를 끄덕이는 등의 경청하는 태도를 갖추는 것이 좋다.

3단계 : 허용적인 분위기 조성하기

학생이 자기 입장을 설명할 때 교사는 "그건 아닌 것 같아." 또는 "안 돼."처럼 말문이 막히게 하는 부정어를 사용하곤 한다. 학생이 잘못된 방향으로 생각하는 것을 바로잡아주려고 사용한 말이겠지만 이와 같은 언행은 위험하다. 학생의 이야기가 존중받지 못하고 마냥 잘못된 행동처럼 비추어지는 것처럼 느끼게 하기 때문에 학생의 상담 의지를 꺾을 수 있다. 만약 잘못된 방향으로 생각하고 있더라도 "그렇게 생각할 수 있겠다." 또는 "○○의 입장에서는 그랬을 수 있겠다."처럼 공감해주고 허용적인 분위기를 조성하는 것이 좋다. 나의 이야기가 존중받고 있다는 느낌을 받으면 학생은 다른 사람의 입장을 돌아볼 여유가 생긴다. 행동 교정은 그 이후에 해도 늦지 않기 때문에 충분히 학생의 생각을 존중하고 허용적 분위기를 조성해야 한다.

4단계 : 경청하기

상담의 기본은 '경청'이다. 학생이 처한 문제 상황에 대하여 공감하고 들어주는 것만으로도 학생에게 큰 위로가 될 수 있다. 특히 "○○의 말을 들으니 많이 힘들었을 것 같아. 선생님이 ○○가 걱정되는구나."처럼 학생에게 관심을 가지고 어려움을 살핀다면 학생과 진솔한 대화를 나누는 데 도움이 된다.

5단계 : 학생 스스로 문제를 해결할 수 있도록 도와주기

상담을 하는 학생 중에서 자신이 처한 문제 상황을 스스로 해결할 수 있거나 그 방법을 알고 있음에도 불구하고 상황을 깊게 생각할 여유가 없어 일을 키우는 경우가 있다. 그럴 때 상황을 천천히 돌아볼 수 있도록 적절한 질문만 던지고 이야기를 들어주기만 해도 스스로 해답을 찾는 모습을 볼 수 있다.

> **학생 스스로 문제를 해결할 수 있도록 도와주는 질문의 예시**
> "○○가 그런 일이 있었다니 걱정이 되는구나. 어떤 상황이었는지 자세히 말해줄 수 있을까?"
> "○○가 그렇게 말했을 때 친구의 마음은 어땠을까?"
> "△△가 그렇게 말했을 때 ○○의 마음은 어땠어?"
> "그런 상황에서는 어떻게 해결할 수 있을까?"
> "그런 상황에서는 어떻게 말했다면 좋았을까?"

6단계 : (문제 행동의 교정이 필요할 때) 나 전달법을 활용하여 대화하기

'나 전달법'이란 나의 상황을 행동, 영향, 감정, 부탁으로 나누어 전달하는 대화 기법이다. 학생에게 무작정 행동 교정을 명령하는 것은 순간적인 효과는 있을지라도 시간이 지나다 보면 '소귀에 경 읽기'가 될 수 있다. 무분별한 잔소리보다는 어떤 행동을 했고, 그로 인해 학급에 어떤 영향을 미쳤으며, 나는 어떤 감정을 느꼈고, 앞으로 어떻게 해줬으면 좋겠는지를 구체적이고 명확하게 전달하면 학생이 상대방의 입장을 이해하고 자신의 행동을 돌아보는 데 도움이 된다.

7단계 : 긍정적 행동 강화하기

'칭찬은 고래도 춤추게 한다.'라는 말처럼 학생의 작은 행동 변화를 칭찬하는 것이 좋다. 특히 교정하고자 다짐했던 잘못된 행동을 고치고 바른 행동을 했을 때 그 즉시 칭찬하면 더욱 효과적이다. 학생의 작은 변화를 진심으로 칭찬한다면 학생은 교사를 신뢰하고 스스로 노력하게 된다.

8단계 : 지속 가능한 상담하기

지키지 못할 약속은 애초에 하지 않는 것이 좋다. 상담 또한 마찬가지다. 처음에는 학생의 문제 행동을 교정하고자 많은 에너지를 쏟다가 후반부에는 지쳐서 상담을 포기하거나 전보다 못한 상담이 이루어지는 경우가 있다. 이렇게 초반에만 열정을 불태우다가 후반에 열정이 식으면 학생도 교사의 변화를 느끼고 무감각해지거나 더 이상 교사를 신뢰하지 않게 된다. 특히 반에 소리함을 설치해두고 학생과 소통하는 방법은 학생의 고민이 방치되어 무시되지 않도록 주의해야 한다. 장기적인 상담을 필요로 하는 상황이 오면 교사는 자신의 상황을 보고, 무리하지 않는 선에서 지속 가능한 상담을 계획하여 실시해야 한다.

쪽지 상담의 기본 틀(이미지화 해서 제시하기)

○학년 ○반의 마음의 소리

이름 :

언제 일어난 일인가요?
누구와 일어난 일인가요?
어디서 일어난 일인가요?
무슨 일인지 자세히 적어주세요.
어떻게 해결하고 싶나요?
선생님이 도와줄 점은 무엇인가요?
함께 상담하고 싶은 친구가 있나요?

학부모를 내 편으로 만드는 마법 같은 상담

• • •

◆ 부모 상담의 세 가지 비법

학생 상담이라는 큰 산을 하나 넘으면 학부모 상담이라는 더 큰 산이 기다리고 있다. 누군가와 대화하기 좋아하고 낯가림이 없는 교사는 학부모 상담에 부담이 덜할 수 있겠지만 말을 가려서 해야 하는 상대인 학부모와 첫 상담을 앞두고 있다면 누구나 긴장되기 마련이다. 신규 선생님의 긴장되는 마음을 조금 편안하게 만들 비법 세 가지를 소개하고자 한다.

첫 번째로 '경청'이다. 교사는 말을 많이 하지 않고 학부모의 이야기를 듣는 것만으로도 상담을 성공의 방향으로 이끌 수 있다. 집에서 학생을 돌보며 난관에 봉착할 때 지도하는 방법, 학교생활에 대한 궁금증, 자신의 삶에 대한 하소연 등 학부모는 교사에게 물어보거나 하고 싶은 말이 많다. 이처럼 학생과 관련된 대화에 갈증이 있는 학부모와는 그 갈증을 해소할 수 있도록 열심히 들어주고 중간에 적절한 답변을 하나씩 하면 된다. 상대방의 이야기를 잘 들어주고 공감해주는 모습을 보이면 신뢰를 쌓을 수 있고 좋은 관계를 형성하며 상담을 마무리하게 된다.

두 번째로 '관심'이다. 학부모는 "우리 아이 잘 부탁합니다."라고 말하며 자신의 자녀에게 관심과 사랑을 주길 원한다. 학생들은 집에 있는 시간만큼 학교에 있는 시간도 많기 때문에 잘 지내는지 걱정되는 마음과 더불어 자녀가 학교에서 건강하게 자랄 수 있도록 교사에게 부탁하는 것이다. 이럴 땐 평소에 학생의 모습을 관찰했을 때 볼 수 있었던 특성을 이야기하면 된다. 특히 학생이 무엇을 좋아하고 싫어하는지, 학생만의 독특한 점이나 자주 보이는 습관 등을 학부모에게 말하면 그와 관련된 대화를 함과 동시에 선생님이 학생에게 관심이 있다는 걸 느끼게 된다. 물가에 내놓은 아이마냥 불안한 마음을 느꼈던 학부모에게 교사의 사랑과 관심 가득한 관찰평 한마디는 마법 물약처럼 불안함을 줄여주고 신뢰가 쌓이며 학교를 믿고 맡길 수 있는 하나의 계기가 된다. 상담 전 아주 사소한 것이라도 좋으니 그 학생의 특성이나 칭찬할 점을 생각해두면 좋다.

세 번째로 '사실 위주로 말하기'이다. 학부모에게 학생의 문제 상황을 전하고 문제 행동을 교정하기 위한 방향을 의논할 때 쓰는 방법으로, 학생이 어떤 문제를 일으켰는지 객관적으로 알 수 있는 사실만을 말하는 것이 좋다. 학부모에게 말할 때 교사의 개인적인 견해가 들어가면 '우리 아이를 차별하는 선생님'이라는 딱지를 안겨줄 수 있다. 예를 들자면 A 학생의 가방에서 B 학생의 지갑이 나와 도둑질했다고 의심받는 상황일 때, A 학부모에게 "A가 B의 지갑을 훔친 것 같습니다.(교사의 의견) A는 하지 않았다고 하는데(상황 설명) A의 가방에서 B의 지갑이 나왔어요.(사실) 가정에서 지도 부탁드립니다."라고 한다면 A 학부모는 처음엔 알았다고 할 것이다. 그러나 가정에서 자녀와 이야기한 뒤 A가 훔치지 않았다고 한다면 A 학부모는 교사가 자신의 자녀를 의심하고 차별한다고 생각할 수 있다. 이와 같은 경우에는 "A의 가방에서 B의 지갑이 발견되었습니다.(사실) A는 하지 않았다고 하는데(상황 설명), 가정에서 이야기 나눠보시고 저에게 연락 주시면 감사하겠습니다."처럼 교사의 개인적인 견해 없이 사실과 상황 설명만 간단히 전하여 오해할만한 상황을 만들지 않는 게 좋다.

◆ 학부모 상담은 어떻게 할까?

학부모 상담도 상황별 방법이 다르다. 학기 초 상담, 학업과 관련하여 의논할 때, 문제 행동이 보일 때 등 학부모가 알아두면 좋을 만한 중요한 일이 있으면 서로 소통하며 교육의 방향을 결정짓는다. 가정과 학교의 교육이 하나로 이루어질 수 있도록 도와주는 다리의 역할을 하기도 하는 학부모 상담은 어떻게 하면 좋을까?

▷ 학기 초 상담

학기 초 상담은 학부모와 신뢰를 형성하고 좋은 관계를 유지하도록 적절한 질문을 선정하는 것이 좋다. 3월에 학생에 대해 많은 것을 파악하지 못한 상태에서 깊은 대화를 나누는 것은 부담스러울 수 있으니 차근차근 가벼운 질문부터 나아간다. 그리고 학교에 다니며 조심해야 할 점(알레르기, 트라우마 등)이나 교사가 알아두고 있어야 할 점(한글 해득, 특별한 가정환경 등)을 물어 학생이 학교생활에 문제가 생기지 않도록 예방할 수 있는 정보를 얻는 것이 중요하다.

학생에 대한 기초적인 정보를 얻을 수 있는 질문 예시

1. 성향 파악 : 자녀의 가장 큰 매력은 무엇인가요?

2. 관심 분야 : 자녀가 특히 관심을 보이는 분야는 무엇인가요?

3. 학교생활 : 자녀가 자주 하는 학교 이야기는 무엇인가요? 자녀가 학교 생활에서 힘들어한 적이 있나요?

4. 가정환경 : 자녀는 집에서 주로 무엇을 하며 시간을 보내고 있나요?

5. 고민 파악 : 자녀가 요즘 들어 제일 많이 하는 고민은 무엇인가요? 학부 모님께서 자녀를 양육하실 때 가장 고민이 되는 점은 무엇인가요?

6. 교우관계 : 자녀의 교우관계는 어떤가요? 자주 말하는 친구 이름은 무 엇인가요?

▷ 학생의 긍정적인 변화를 전달할 때

학생의 학업 능력이나 행동에 긍정적인 변화가 있을 때 학부모와 상담을 한다. 학교에서는 어떤 노력을 했으며, 그로 인해 학생의 변화에는 어떤 게 있었는지 전달하며 앞으로 학생에게는 어떤 교육적 방법이 적합한지 의논한다. 그리고 이때 주의해야 할 점은 너무 지나친 칭찬이나 '천재', '똑똑하다'와 같이 학생의 노력과 상관없는 말을 하기보다는 어떤 부분을 노력해서 변화가 이루어졌는지 사실에 근거하여 자세하게 설명해야 한다.

▷ 학생의 문제 행동을 이야기할 때

학생들이 내 뜻대로 바르게만 자라서 긍정적인 면만 전달하면 좋겠지만 그건 현실적으로 어려운 일이다. 학교에서는 교사를 힘들게 하는 시한폭탄 같은 일들이 여기저기서 생겨나곤 한다. 친구와 다투거나 학생이 부모에게 자기 입장만 잘못 전달하여 생기는 오해 등 다양한 이유로 상담하게 된다. 신규 선생님도 예외는 아닐 것이다. 학교 첫 출근일에 문제 상황이 발생하여 학생과 학부모를 상담하게 될 수도 있고, 다짜고짜 화부터 내는 학부모의 전화를 받을 수도 있다. 생각만 해도 아찔한 상황에서 서로 오해가 생기지 않게 학생의 문제 행동을 전달하여 교육적인 해결방법을 의논할 수 있는 상담 방법은 무엇인지 그 과정을 살펴보고자 한다.

① 상담 시간 정하기, 약속하기

학부모와 상담을 원할 경우 미리 시간을 약속해 놓아야 한다. 학부모에게도 개인 사정이 있을 수 있고, 상담을 위해 준비하는 시간이 필요할 수 있기 때문이다. 이때 어떤 일로 인해 상담을 요청하였는지 설명하는 과정에서 문제 행동만을 말하기보다는 앞으로 교육의 방향을 의논하기 위한 상담임을 강조하여 말하면 학부모의 거부감을 낮출 수 있다.

> "○○ 학부모님, 요즘 ○○가 즐겁게 학교생활을 잘하고 있어요. 그런데 가끔 친구들과 의견이 맞지 않을 때 어떻게 해결해야 할지 잘 모르는 것 같아 걱정됩니다. 학부모님과 함께 의논하여 지도하면 더 나은 방향으로 교육이 이루어질 수 있을 것 같아요. 시간 되시면 학부모님과 함께 이야기를 나누고 싶은데 언제가 괜찮으실까요?"

② 학생의 장점, 칭찬할 점으로 상담 시작하기(전화 또는 대면 상담)

문제 행동을 교정하는 방법을 의논하기 위한 상담은 학부모의 마음이 매우 불편한 상태일 수 있다. 그래서 대화의 시작을 문제 행동에 대한 지적보다는 학생에 대한 애정을 드러내는 것이 좋다. 학부모는 교사가 자신의 자녀에게 관심과 애정을 갖고 지도한다고 느껴질 때 마음을 열고 상담에 임하기 때문이다. 이때 칭찬하는 말 앞에는 "어떻게", 공감하는 말 앞에는 "얼마나", 꺼내기 어려운 말(문제 행동)에는 "걱정이 된다."를 활용하면 좀 더 자연스럽게 대화를 이어갈 수 있다.

> "○○ 학부모님, 문자를 받고 많이 놀라셨지요? ○○가 친구들을 많이 좋아하고 도와주는 모습을 보여서 우리 반에서 정말 중요한 역할을 하고 있습니다. ○○를 어떻게 키우셨는지 옆 친구에게 수학 문제도 친절하게 알려주는 모습을 보고 대단하단 생각이 들었습니다. 혹시 이런 모습 알고 계셨을까요?"

③ 가정에서 겪는 어려움 살피기

가정에서 지도하는 데 겪는 어려움은 무엇인지 질문하여 자연스럽게 학생의 문제 행동에 접근할 수 있다. 학부모의 거부감이 걱정되어 문제 행동을 바로 꺼내기 부담스럽다면 이 방법을 활용하면 좋다.

> "그동안 ○○를 키우시면서 혹시 어려웠던 점이 있으셨나요? 말씀해주시면 제가 ○○를 이해하는 데 도움이 될 것 같습니다."

가정에서 어려움이 없는 경우

"○○가 따뜻한 가정환경에서 잘 성장하여 어려움 없이 자란 것 같습니다. 하지만 함께 생활하는 학교에서는 가정과 다르게 모든 것이 허용되지 않습니다. ○○가 친구와 의견이 맞지 않았을 때 어떻게 해결해야 하는지 잘 모르는 것 같아 걱정됩니다. 이번 일을 통해 친구들과 다시 잘 지낼 수 있었으면 좋겠습니다."

가정에서 어려움이 있는 경우

"그런 부분이 얼마나 힘드셨을까요? 저도 ○○를 지도하면서 학부모님과 비슷한 부분을 겪었습니다. 평소에는 ○○가 이렇게 친구들에게 정말 잘 해주는데, 가끔 의견이 맞지 않을 때 화를 내거나 과격한 행동을 하는 모습을 보입니다. 어떻게 친구들과 문제를 해결해야 할지 잘 모르는 것 같아 걱정입니다. 그래서 오늘 그 점을 함께 상의해서 함께 해결해보면 좋을 것 같습니다."

④ 교사의 입장 전하기

학생에게 있었던 일의 내용과 문제라고 생각하는 이유, 앞으로의 지도 방향에 대한 교사의 입장을 전하는 단계이다. 1~3단계가 충분히 이루어졌을 때 학부모는 협력적인 태도로 상담에 임하게 된다. 내가 생각하는 해결방법을 정확히 전달하되, 학부모와 함께 더 나은 교육적 방향을 의논하여 결정할 수 있다.

⑤ 가정에서 함께 지도할 방법 전달하기

교육은 학교에서만 이루어지는 게 아니라 가정에서도 함께 이루어져야 한다. 학교와 가정에서 함께 교육이 이루어질 때 그 효과가 나타나기 때문이다. 학교와 일관된 교육이 이루어지도록 학부모에게 구체적인 행동을 제시하는 것이 좋다.

> "가정에서도 학교와 함께 일관성 있는 교육을 해주시면 ○○가 혼란스럽지 않게 배울 수 있습니다. 가정에서도 ○○가 과격한 행동을 보이면 꼭 학교와 비슷한 지도 방법으로 교육해주시기 바랍니다. 이해해주시고 ○○를 교육하는데 함께 해주셔서 감사합니다."

지나고 나니 웃기고 슬픈 상담

• • •

이 세상엔 다양한 사람이 있는 만큼 학교에도 다양한 교사, 학생, 학부모가 있다. 그만큼 학교에는 다양한 상황들이 생겨나며 그 상황 속에서 사람 사는 이야기가 생겨난다. 이 책 속에 세상 모든 상담 이야기를 담을 수는 없으니 함께 나누면 좋을 만한 사례를 한 가지 소개해보려고 한다.

Ep: 400명 같은 4명

나에게 가장 힘들었던 상담을 떠올리라고 하면 가장 먼저 떠오르는 '해'가 있다. 바로 신규로 발령받았던 해이다. 나는 면 소재지에 있는 전교생이 37명인 작은 학교로 발령이 났다. 학교 주변에는 논과 밭뿐이었고 도시에는 흔히 볼 수 있는 편의점조차 없는 곳에서 교직 생활을 시작하게 되었다. 내게 왜 이런 일이 일어났을까, 이렇게 발령 낸 교육청을 원망하며 학교로 들어섰다. 교무실에서 '4학년 담임교사'라는 안내를 받고 교실에 가니 책상이 4개가 놓여 있었다. 한국인은 이상하게도 4자가 들어가면 '죽을 사(死)'가 떠오른다. 내 몸속에도 한국인의 피가 흐르는지 그 한자가 떠오르며 괜한 걱정이 앞섰다.

농어촌 실습 때에도 한 학급에 20명이 있는 학교로 갔던 나는 한 반에 5명도 안 되는 교실의 모습이 꽤 낯설게 느껴졌다. 그래도 4명이면 그만큼 관심과 사랑을 줄 수 있다는 생각에 설렘과 기대가 가득했다. 나의 첫 제자들을 소개하자면 3학년 때 전학 온 철수, 가정 폭력의 피해로 인해 마음의 상처가 깊은 맹구, 이 지역 토박이 유리, 지적 장애가 있는 미미까지 각자의 사연이 조금씩 있는 학생들이었다. 학생들과 개별 상담을 진행하며 기본적인 상황을 파악하게 되었고 앞으로 행복한 학교를 만들어 학생들의 상처를 보듬어주는 선생님이 되리라 다짐하였다.

그러던 어느 날, 읍에 있는 큰 학교에서 훈이라는 학생이 전학을 왔다. 훈이는 큰 학교에 적응하는 것이 어려워 우리 학교에 오게 되었다고 한다. 뭐 별일이 있겠나 싶어서 우리 반 학생들과 잘 지낼 수 있도록 교실 놀이도 하고 그림도 그리며 적응하는 시간을 주었다. 그런데 며칠이 지나자 우리 사이에 삐그덕 소리가 나기 시작했다. 훈이가 과격한 행동을 보이며 수업시간을 난장판으로 만들었기 때문이다. 나는 대학교에서 이런 과격한 행동이나 폭력적 성향을 띠는 학생을 어떻게 지도해야 하는지에 대해 자세히 실습해보지 않았기 때문에 매우 당황스러웠다. 그래서 일단 다른 학생들이 피해 보지 않도록 교실 밖으로 내보내고, 화를 내며 과격한 행동을 보이는 훈이만 교실에 남겨두고 대화를 시도하였다.

"훈아! 그만해! 소리 그만 질러!"

아무 소용이 없었다. 오히려 소리만 더 크게 질러댔다.

"내 이름은 혼이가 아니라 훈인데! 왜 내 이름을 맘대로 쓰는 거야!"

훈이가 크게 화를 내며 하는 말을 들어보니 이름과 관련된 일로 화가 난 모양이었다.

"그래, 일단 진정하고 심호흡부터 해보자. 그 뒤에 선생님과 이야기해 보는 거야."

이렇게 차분히 진정시키고 공감하는 말을 하면 과격한 행동이 멈출 것 같았다. 하지만 그건 나의 큰 착각이었다. 훈이는 폭력적이고 과격한 행동을 멈추지 않았고, 결국 옆 반 선생님께서 발버둥 치는 훈이를 안아서 기다려 준 뒤 조금 진정이 되어 대화할 수 있었다.

훈이와의 대화는 "왜 그랬어? 그런 행동은 나쁜 거야."로 시작했다. 굉장히 위험한 행동을 했을뿐더러 이런 경우는 처음이었기 때문에 훈이에게 정말 화가 난 마음이 말로 표현된 것이다. 그리고 일그러진 표정으로 훈이를 탓하는 것처럼 물어봤다. 그랬더니 돌아오는 대답은 "몰라요."였다. 아직 좋은 관계가 형성되지 않은 것이다. 처음엔 훈이가 유별난 학생이어서 대답도 안 하고 화만 내는 거라고 생각했다. 지나고 보니 나의 상담 방식에도 문제가 있었다. 먼저 훈이의 마음을 살펴보고 공감해준 다음에 문제 행동을 교정했어야 했는데, 대화의 첫 시작부터 질책만 했으니 학생이 마음의 문을 열지 않은 것이다.

그래도 이날의 대화에서 실수만 있었던 건 아니다. 훈이에게 긍정적인 영향을 미치는 말을 해둔 게 있었다.

"선생님은 훈이가 화를 내는 상황에서는 훈이의 마음을 알아주기 어려워. 훈이가 화가 나는 일이 있으면 소리를 지르고 발버둥을 치는 것보다는 선생님에게 와서 이야기해 줬으면 좋겠어. 그리고 화를 냈더라도 선생님의 말을 잘 들어줘."

이 다음번에 비슷한 일로 화가 났을 때 과연 훈이는 선생님에게 와서 이야기했을까? 그렇게 한 번에 선생님의 말을 잘 들었더라면 에피소드로 쓰지 않았을 것이다. 당연히 문제 행동이 반복되었고, 우리 반은 난장판이 되었다. 그래도 지난번 상담 때 했던 말이 떠올랐는지 발버둥을 친 후에는 나와 대화하려는 모습을 보였다.

여러 차례 이런 일들이 반복되고 훈이와 자주 상담하다 보니 훈이가 문제 행동을 보였을 때 대화할 수 있는 전략이 생겼다. 먼저 훈이의 화가 가라앉을 때까지 기다려주었다. 그리고 왜 화가 났는지 집중해서 들어주고 공감해주었다. 물론 말도 안 되는 이유로 화가 난 훈이였지만, 그 학생의 입장이 되어 생각해 보려고 노력했다.

"미미가 자꾸 말을 따라 하니까 기분이 나빠요. 기분 나쁘다고 하지 말라고 했는데도 자꾸 따라 하니까 화가 나요."

"그래, 미미가 너의 말을 따라 하니까 기분이 많이 나빴겠구나. 하지 말라고 했는데도 계속 하니까 화가 났을 것 같아. 그때 훈이 마음이 어땠어?"

"화가 나고 복수해 주고 싶은 마음이 들었어요."

"응. 화가 났을 때는 친구한테 너의 마음을 차분히 전달하고, 그래도 해결이 안 됐을 때는 선생님에게 말해주면 좋겠어. 그럼 선생님이 훈이의 마음을 알아주고 해결하는데 도움을 줄 수 있을 것 같아. 그래 줄 수 있어?"

"네, 화가 조절이 잘 안 되지만 그렇게 해볼게요."

문제 행동을 보였을 때 충분히 공감해주며 좋은 관계를 형성하여 상담하니 대화에 진전이 있었다. 하지만 행동 교정에는 뚜렷한 변화가 없었다. 여전히 계속 화를 내고 과격한 행동을 보였다. 어떻게 하면 행동을 교정할 수 있을까 고민하며 교장, 교감 선생님, 동료 선생님과 함께 협의도 했다. 이쯤 되니 이 학생은 왜 맨날 화만 내냐고 생각할 수 있다. 훈이는 약간의 지적 장애와 주의력결핍 과다행동장애(ADHD)를 가지고 있었다. 교육지원청의 특수교육센터에서는 이런 경우에는 어떻게 해야 하는지 컨설팅과 각종 연수도 지원하며 훈이의 문제를 해결하기 위해 노력했다. 그 결과 문제 행동을 보이는 학생이 행동에 긍정적인 변화를 보였을 때 그 점을 칭찬하면 행동 교정에 효과가 있다는 것을 알게 되었다. 그리고 바로 실천에 옮겼다.

"훈아, 방금 친구에게 과격한 행동을 하지 않고 정확히 너의 마음을 전달하는 모습이 정말 멋진데? 선생님과의 약속을 기억해주었구나. 앞으로 훈이가 계속 친구들과 사이좋게 잘 지냈으면 좋겠어."

이렇게 칭찬과 상담을 함께 겸하니 훈이의 행동에도 변화가 있었다. 일주일 중에 네다섯 번 화내고 문제 행동을 보였던 훈이가 나와 좋은 관계를 형성하고 자신의 문제를 돌아보며 노력하였다. 문제 행동을 보이는 횟수가 일주일에 한두 번 그리고 한 달에 한두 번 점차 개선되는 모습을 보였다. 매 순간 좋은 모습을 보였던 건 아니었지만 꾸준한 관심과 상담을 통해 학생의 행동이 개선되는 걸 보니 상담의 중요성을 다시 한 번 느끼게 되었다. 그리고 이처럼 훈이의 행동이 개선된 데에는 가정의 역할도 컸다. 처음에는 훈이 부모님께서 학교를 신뢰하지 않고 적대적으로 대했었는데 훈이에 대해 관찰한 내용을 지속적으로 전달하고 학생을 향한 관심과 애정을 전하니 부모님의 마음에도 변화가 생겼다. 학교를 전적으로 믿고 맡겨주셨고, 가정에서도 학교에서 지도하는 방향과 비슷하게 교육해주셨다. 학교와 가정에서 함께 교육이 이루어지니 훈이가 바뀐 것이다.

나의 교직 생활 첫해를 떠올려보면 400명 같은 네 명이라는 말을 가장 많이 했던 것 같다. 학급에 학생 수는 적었지만 적은 수에 비례하지 않는 상담과 생활지도를 해야 했기 때문에 감당하기에 매우 벅찼던 기억이 난다. 하지만 지나고 보니 학생과 상담할 때 어떻게 이야기를 해야 할지를 경험으로 익혔으며, 그만큼 학생도 변화가 있었기에 많은 깨달음을 얻게 되었다. 다시 하라고 하면 못할 경험이지만 신규 선생님에게도 충분히 일어날 수 있는 상황이기 때문에 나의 첫 에피소드로 소개해보았다. 동료 선생님들께서도 교직에서 겪지 않아도 될 일을 먼저 겪었다며 많이 위로해주셨다.

상담으로 인해 많이 지친 마음을 가족과 친구, 그리고 동료 선생님에게 의지하며 버텨냈다. 혹시 나의 경험과 비슷한 상황을 겪고 있는 선생님이라면 꼭 혼자 고민하지 말고 주변 사람들과 고민을 나누고 해결방법을 함께 의논했으면 좋겠다. 내가 지치고 힘들면 누군가를 상담할 여유가 생기지 않는다. 그럼 악순환이 반복되게 된다. 그러니 꼭 힘듦을 나누고 의지하며 이겨냈으면 좋겠다. 이 세상에는 좋은 선배 교사가 많다. 그리고 지금 걱정하고 있는 일들이 나중에 지나고 보면 무슨 일이었는지 기억조차 안 날 정도로 잘 풀려있을 것이다. 선생님은 학생들을 사랑하는 마음만 있으면 무엇이든 해낼 수 있다. 누구에게나 늘 처음은 있는 법이니까 조금은 실수해도 괜찮다. 그러니 자신이 하고 있는 방법을 믿고 학생들과 행복한 학급 꾸려나가길 바란다.

5장

학생의 마음,
어떻게 알아볼까?

여러분은 1교시 시작 전 아침에 어떤 활동을 하고 있는지 궁금하다. 아마도 학년 및 학급 교육과정에 따라 학급별로 특색 있는 활동을 해나가고 있을 것이라 생각된다. 30~40분 정도 되는 이 시간을 어떻게 사용하느냐에 따라 학급의 분위기는 많이 달라진다. 차분하게 독서로 하루를 시작할 수도 있고, 교내 환경정화 봉사활동을 실시하며 인성교육을 실시할 수도 있을 것이다. 또는 교사와 학생들이 함께 운동장을 걸으며 신체 컨디션을 끌어올리는 건강 걷기 활동을 하기도 하고, 태블릿 PC를 이용하여 코딩을 공부하기도 할 것이다.

여러 가지 방법 중에 생활지도에 활용하기 좋은 한 가지 꿀팁을 소개하고자 한다. 학생들은 하루에도 몇 번씩 마음이 변하고, 컨디션이 바뀌기 때문에 유심하게 관찰할 필요가 있다. 하지만 이런저런 이유로 학생들 한명 한명을 세세하게 살피기 어려울 때가 있다. 학생들이 모두 행복하게 하루를 시작하고 마무리한다면 정말 좋겠지만 그렇지 못한 경우는 학생들 간의 갈등이나 다툼으로 이어질 수 있다. 어떤 경우에는 아주 작은 갈등이었는데 선생님이 교실에서 잘 알아차리지 못하고 넘어간 후 큰 갈등으로 이어지기도 한다.

선생님은 30명 가까이 되는 학생들을 최대한 꼼꼼하게 살피려고 노력하지만 집에서 자식 한 명만 바라보는 부모님의 눈처럼 완벽하게 한 학생을 바라보기에는 물리적으로 한계가 있다. 그래서 가끔 학부모와 통화를 하다 보면 "우리 아이 오늘 컨디션이 아침부터 안 좋았는데, 혹시 모르셨어요?"라며 섭섭해 하기도 한다. 사실 이런 이야기를 들을 때면 교실 현장을 몰라주는 부모님에 대해 선생님도 섭섭할 것이다.

그렇다면 어떻게 하면 우리 반 학생들의 감정과 컨디션을 잘 살필 수 있을까?

마음 신호등으로 감정 읽기

● ● ●

첫 번째 방법으로는 '마음 신호등에 스스로 감정 표현하기'이다. 교실 게시판에 마음 신호등 판을 만든다. 그리고 그 옆에는 학생들의 이름이나 번호가 새겨진 표식을 만들어 놓는다. 학생들은 아침에 교실에 오면 자신의 이름표를 들고 마음 신호등 앞으로 간다. 오늘 나의 기분과 건강 상태를 생각해 보고 모두 좋으면 파란색 면에 자신의 이름을 붙인다. 보통이면 노란색 면에 좋지 않으면 빨간색 면에 자신의 이름을 옮겨 놓으면 된다. 선생님은 학생들이 옮겨 놓은 이름표를 보고 학생들의 컨디션에 대해 대화를 나누면 된다. 처음에는 반 전체 학생들과 대화를 나누는 것이 좋지만, 매일을 모든 학생의 컨디션에 대해 이야기 나누는 것은 물리적으로 어려우므로 몇몇 학생들을 선택해서 하루하루 돌아가며 이야기를 나눈다.

다만 적은 수의 학생과 대화를 나눌 때는 가급적 파란색보다는 노란색과 빨간색에 이름을 옮겨 놓은 학생들 위주로 대화를 나누는 것이 좋다. 아침에 엄마에게 혼나고 기분이 안 좋아서 학교에 온 친구는 선생님과 이야기를 하며 상한 마음이 조금은 풀릴 수 있고 그러면 친구와의 다툼도 줄어들고 수업에 더 집중할 수 있는 효과를 볼 수 있다. 아침부터 배가 아팠던 학생은 선생님께 자신이 아프다는 사실을 자연스럽게 알림으로 인해 마음의 안정을 얻게 된다. 학생들은 선생님께 관심을 받았다는 사실에 기분 좋게 하루를 시작할 수 있다.

아침에 학생들이 옮겨 놓은 마음 신호등을 사진으로 남겨두면 더 좋다. 왜냐하면 종례 시간에 오늘 하루를 보내고 난 자신의 마음을 신호등으로 표시하게 하여 마음의 변화를 비교할 수 있으니 말이다. 색깔의 변화가 있는 학생들에게 왜 그렇게 마음이 변하였는지 물어보며 학생들의 마음을 이해할 수 있다. 선생님이 모두의 마음을 정확히 알고 치유해줄 수는 없다. 하지만 적어도 학생들의 마음에 관심을 가져주고 학생들이 자기의 이야기를 할 기회를 준다는 것은 생활지도에 있어서 매우 중요한 일이다. 선생님이 모든 것을 해결해주려고 하지 말고, 그냥 귀 기울여 들어주면 된다. 자연스러운 마음 경청의 방법으로 마음 신호등을 활용한 아침 시간 운영을 추천한다.

마음 신호등

신호등 토론 기법을 활용한 마음 신호등

산책하며 대화하기

두 번째 방법은 '점심시간에 산책하기'이다. 점심시간에 학생들과 함께 산책하며 대화를 나누는 과정에서 자연스럽게 마음을 읽을 수 있다. 학교 주변에는 나무가 많이 있고, 작지만 숲처럼 가꾸어진 학교도 있다. 나는 점심 식사시간에 주변 식물을 보며 격양된 감정을 다스리고, 수업 구상을 하며 시간을 보냈다. 평소에 많이 먹는 습관 때문에 조금 걸어서 과식의 죄책감을 덜어내려 걷기도 했다.

어느 날 산책을 하는데 우리 반 학생이 "선생님 어디 가요?"하며 따라왔다. 산책하러 간다고 말을 하자 학생도 같이 가자며 뒤따라 걸어왔다. 학교 운동장 주변을 산책하는데 학생이 이것저것 많이도 물어본다. "선생님 여자친구는 있어요?", "선생님 우리 반에서 누가 가장 예뻐요?", "선생님 몇 살이에요?" 개인 정보에 대한 질문부터, 가장 예쁜 학생이 자신이길 바라며 하는 질문들도 있다.

학생의 기분이 좋으라고 "네가 우리 반에서 가장 예쁘단다."라고 말해줬다. 신기하게도 산책하면서 이야기하면 학생들이 교사에게 편하게 질문을 한다. 질문도 많이 하고, 학생 자신의 이야기도 술술 한다. 어제 엄마랑 싸운 이야기, 엄마는 동생 말만 들어준다는 이야기, 친구와 어떤 일로 싸운 이야기 등 교사는 이야기를 들어주며 학생의 성향이나 교우관계, 가족관계 등을 자세히 알 수 있다. 그래서 점심시간에 산책하며 학생과 더 친해지는 시간으로 활용하기로 했다.

여름에는 산책하기가 어렵다. 햇살도 뜨겁고 시커먼 피부가 더 타는 건 싫어서 학교 구석에 있는 정자에 앉아서 주변에 나무들을 보면서 쉬곤 했다. 학생들이 와서 앉아서 이야기하다가 수업시간이 되면 같이 교실로 돌아갔다. 걸어가며 이야기하는 것보다 앉아서 이야기하는 것이 목소리도 잘 들리고 학생들도 많이 모여서 다양한 목소리를 들을 수 있었다.

이렇게 학생들과 함께 산책하며 대화하니 학생들이 자신의 감정 상태나 최근에 있었던 일을 자유롭게 이야기하는 모습을 볼 수 있었다. 사소하지만 친근한 대화는 학생과의 친밀감을 형성하고 생활지도를 하는 데 큰 도움이 되었다.

Ep: 수업시간에 잠을 자는 철수

철수는 다른 지역에서 전학을 왔다. 첫인상은 엄청 위축되어 있고 자신감도 없는 모습이었다. 수업시간에 공책 정리는 하지 않고, 교과서는 깨끗했으며 수업 참여도가 0에 가까웠다. 체육 시간을 100% 즐기기 위해 다른 수업시간은 체력 소모를 최소화하는 것처럼 말이다. 전학 와서 위축되어서 그런 줄 알고 몇 주 지켜보았다. 하지만 자주 지각을 해서 9시가 다되어서 학교에 오는 경우도 많았고, 수업시간에 집중을 하지 못하는 모습과 가끔 엎드려 잠자는 모습도 보였다. 내가 보기엔 심각해 보였다. 그래서 점심식사 후 운동장 옆에 있는 정자에 같이 앉아서 이야기를 했다.

철수는 부모님의 별거로 전학 오게 되었고 지금은 어머니와 함께 생활한다고 했다. 그리고 밤늦게까지 게임을 해서 지각을 하고 수업시간에 잠을 잔다고 했다. 수업에 참여하지 못하는 이유는 수업 내용이 어려워서 어떻게 참여해야 할지 몰라서였다. 그래서 방과 후에 기초적인 수학을 공부하고, 글을 읽고 해석하는 연습을 하는 등 기초학력 향상을 위해 노력했다. 점심시간에 정자에 앉아서 자주 이야기를 나누고 친해지자 지각하는 횟수도 줄어들고, 수업에 참여하려고 노력하는 모습도 늘었다. 학기 초 위축된 모습보다는 자신감을 가지고 친구들과 웃으며 즐거운 학교생활을 하는 철수의 모습을 봐서 기분이 좋다. 요즘도 점심시간에 같이 이야기하며 게임 이야기도 하고, 수업시간에 어려운 점은 없는지 이야기 나누며 친밀감을 형성하려고 노력하고 있다.

Ep: 활발한 여학생 4명

개인적으로 하이텐션 학생들과 함께 생활하는 것은 너무 힘들다. 나의 텐션이 낮아서 그럴 수도 있고, 높은 톤의 목소리가 귀를 아프게 하기 때문이기도 하다. 3월 초 모둠 편성을 자유롭게 했더니 텐션 높은 4명이 한 모둠이 됐다. 정말 시끄러웠다. 하지만 같은 반이니 다 아우르고 학급을 운영해야 했다. 점심식사 후 4명과 정자에 앉아서 이야기를 했다. 소위 인싸들이어서 그런지 정말 잘 놀았다. 나는 병풍 같은 기분이었다. 교실에서 있었던 이야기, 친구 사이에 대한 이야기 등 다양한 이야기를 했다. 이런저런 이야기를 하다가 최근에 반 남학생 몇 명이 성적인 농담을 자주해서 힘들다는 이야기를 했다.

사실 확인을 위해 다음 날 아침에 관련 남학생들과 이야기했는데 성적인 농담을 자주 했었다는 이야기를 들었고, 앞으로 하지 않겠다는 약속을 받았다. 매우 심각한 일이었지만 전날 여학생들과 대화가 없었다면 몰랐을 일이었다. 학생들과의 대화를 통해 다행히 사태가 더 심각해지기 전에 문제를 해결할 수 있었다. 교사가 학급의 모든 일을 알 수는 없다. 그러기에 학생들과의 지속적인 대화와 상담을 통해 학생들을 살펴보는 것이 중요하다.

새 학기에 점심시간 산책을 시작할 때는 활발하고 붙임성이 좋은 학생들과 시작하자. 산책이 즐겁고 재미있다는 소문이 나면 소극적인 친구들도 산책에 참여한다. 처음 산책하는 학생들에게는 친구 관계, 좋아하는 것 등 대답하기 쉬운 질문을 하는 것이 좋다. 자주 산책해서 친해지고 난 다음에 교사가 물어보고 싶은 것을 물어보거나, 수업시간에 했으면 하는 요구사항을 말하면 학생들도 적극적으로 수업에 참여하려고 노력한다. 학생마다 성향 차이가 커서 산책을 하기 싫어하는 학생도 있고 좋아하는 학생도 있다. 학생 개인의 취향을 고려해서 산책을 진행하는 것이 좋다.

6장

바른 생활 습관
형성하기 꿀tip

교육 경력이 14년이 넘어가다 보니 나의 생활지도 경험도 많이 쌓였다. 그래서 생활지도 실패의 비중보다는 조금이나마 만족하는 생활지도의 경험이 많아지는 것 같다. 그래도 유독 기억에 남는 것은 초보 같았던 생활지도의 경험, 실패한 생활지도의 경험이었던 것 같다. 학생들에게 바른 인성, 바른 생활 습관을 형성시켜주고자 했으나 실패했던 경험을 소개하고자 한다.

Ep. Show time
첫 발령 이후 2년차가 되는 해에 나는 섬마을 분교에서 옆 섬 분교로 이사를 갔다. 그 곳의 학생들은 모두 6명이었는데 1학년 1명, 2학년 1명, 4학년 1명, 5학년 2명, 6학년 1명이었다. 이 섬은 급식이 없었으며, 우유급식은 멸균우유를 한꺼번에 들여와 냉장고에 두고 하나씩 나눠주는 방식이었다.

그리고 우유를 먹을 때 자기의 이름을 쓰곤 했는데, 어느 날 운동장에 음료수 팩이 버려져 있었다. 음료팩을 살펴보니 2학년 학생의 이름이 적혀 있었다. 나는 이상하게 생각했다. 학교 우유도 아니고 일반 음료팩에 왜 이름을 써 놨을까? 누군가 장난으로 이름을 쓰고 버린 건 아닐까? 다음날 나는 이렇게 운동장에 쓰레기를 버리면 안 된다는 것을 알려주기 위해 전교생 6명의 학생들을 불러 모았다.

나: "선생님이 어제 운동장에서 이 쓰레기를 주었는데 혹시 2학년 친구가 버린 거니?"

2학년 학생: "아니요."

'역시, 자기 이름을 적어 놓고 운동장에 버리는 사람이 어디 있겠어? 내 생각이 맞았군!'

나: "그럼 누가 이 쓰레기를 운동장에 버렸니? 솔직히 말하면 용서해줄게."

학생들: ……

문득 나는 학생들에게 정직해야 한다는 것도 알려주고 싶었다. 순간 많은 생각을 했다. 어떻게 하면 좋을까? 나는 즉흥적으로 생각했다. 과거에 어떤 영화에서 본 장면이 떠올랐다.

나: "너희들 혼나야겠다. 아니야. 너희가 거짓말하는 것은 너희를 잘못 가르친 선생님 잘못이 크다. 그러니 선생님이 혼나야지. 청소함에서 빗자루 꺼내 와서 선생님 손바닥을 때리렴."

5명의 학생들이 눈물을 흘리며 나의 손바닥을 살살 때렸다. '작전 성공!' 마지막까지 손바닥을 다 맞고 난 다음 울고 있는 학생들을 다독이며 정직과 환경보호의 중요성에 대해서 말해주리라 생각했다. 마지막은 2학년 학생의 순서였다. "세게 때리렴.", "네!" 손바닥에서 불이 났다. 2학년 학생이 정말 있는 힘껏 내 손바닥을 내리쳤다. 당황했다. 그렇다고 아픈 티를 낼 수도 없었다. "계속 해봐.", "네" 손바닥을 계속 맞았다.

이 친구는 그동안 선생님이 가르쳐준 대로 어른들 말씀을 참 잘 듣는 친구였던 것이다. 30대를 넘게 맞았다. 손바닥은 아프지만 자존심 상하게 멈출 수도 없었다. 옆에 있던 동료 선생님께 눈빛으로 간절히 신호를 보냈다. 다행히 분교장 선생님께서 상황을 종료해주시고, 2학년 학생을 데려가 이야기를 나누셨다. 학생들이 모두 하교한 후 2학년 학생이 나를 찾아와 "선생님 죄송합니다. 쓰레기를 버린 것은 저였습니다. 다음부터는 그러지 않겠습니다."라고 이야기했다. "그래, 솔직하게 이야기해줘서 고마워."라고 이야기하고 학생을 보냈지만, 내가 그 학생에게 해준 것은 아무것도 없다. 내가 한 것은 생활지도가 아니라 쇼였다.

나중에 시간이 지나 경험이 쌓이고 난 후 돌아보니 그때의 내가 부끄럽기도 하고 무엇이 문제였는지도 조금은 알게 되었다. 여러분은 초보 교사인 나의 실수를 찾았는지 궁금하다. 여러분이라면 이런 상황에서 어떻게 지도할 것인지 잠시만 생각해보면 좋을 것 같다.

지금부터는 내가 진단한 문제점과 지금의 나라면 이러한 상황에서 어떻게 지도할지 이야기를 나눠보고자 한다. 물론 생활지도에 절대적인 정답은 없다. 내가 이야기한 것이 무조건 옳으니 따라하라고 이야기하는 것도 아니다. 모든 진단과 생활지도 방법은 주변 환경과 학생들의 성향 등에 따라 달라질 것이다. 그래서 여러분이 생각한 나의 문제점과 해결방법도 내가 생각한 문제점, 해결방법과는 다를 것이다. 그래서 그냥 여러분의 생각과 나의 생각을 비교하며 글을 읽어보기를 바란다.

2022년의 내가 보기에 2008년의 나의 방법에는 참 많은 문제가 있었던 것 같다. 우선 생활지도의 인식 자체가 잘못되었다. 학생이 쓰레기를 운동장에 버리고, 자신의 잘못에 대해 솔직하지 못한 것은 교사에게 잘못한 것이 아니라는 것이다. 이는 사람이 마땅히 해야 할 도리이고, 개인의 양심에 비추어 자신을 돌아봐야할 문제인 것인데, 교사에게 포커스를 맞추어 '내가 용서해줄게.'라고 인식하여 생활지도를 한 것이 가장 큰 잘못인 것 같다. 또한 생활지도 방법의 문제였는데 학생들에게 무엇이 문제이고, 어떻게 행동해야 하는지에 대해 알려준 것이 아니라 교사와 학생의 관계에만 매달려 감정적으로만 문제를 해결하려다 보니 생활지도가 아닌 쇼를 하게 된 것이다. 그래서 2022년의 나라면 먼저 학생을 안심시키고, 학생의 마음을 공감할 것이다.

"이 쓰레기를 버린 사람은 쓰레기를 버리고 나서 다른 사람에게 비난을 받을 까봐 걱정이 되고, 친구들 앞에서 이야기하는 것이 부끄럽고 용기가 나지 않을 것 같아. 하지만 실수는 누구나 할 수 있고, 앞으로 그런 실수를 반복하지 않으면 되는 거야."

다음에 학생들에게 정직의 개념과 정직의 중요성을 알려줄 것이다. 또한 정직을 실천하려면 어떻게 행동해야 하는지도 학생들과 함께 이야기 나눌 것이다.

"정직한 말과 행동은 무엇일까요? 정직한 말과 행동이 왜 중요할까요? 정직하지 못했던 경험이 있나요? 만약 세상 모든 사람들이 거짓말을 하거나 사실을 숨기게 된다면 어떤 일이 일어날까요? 이런 상황에서 어떻게 말하고 행동해야 할까요?"

만약 학생들과 충분히 좋은 관계가 형성된 후라면 지금 내가 느끼는 감정을 솔직하게 이야기하고, 학생들에게 바라는 행동을 이야기 할 것이다.

"선생님은 우리 반 친구들이 정직하다고 믿고 있어. 그것은 선생님에게 큰 자부심이었고 자랑이었단다. 하지만 이런 일이 일어나서 마음이 속상해. 오늘 솔직하게 말할 용기가 생기지 않는다면 시간이 많이 흐른 뒤라도 좋으니까 나중에라도 나에게 솔직하게 이야기해줄 수 있겠니? 기다리고 있을게."

여러분이 생각한 방법과 나의 방법이 얼마나 일치했는지는 모르겠다. 하지만 이러한 기본 생활 습관에 관한 생활지도의 부분은 의외로 학생들이 어떻게 행동해야 할지를 모르는 경우가 많기 때문에 개념을 잘 익히고, 여러 상황을 가정하여 연습해보는 것이 필요하다. 그리고 특별한 기법 보다는 교사의 상황에 대한 인식의 전환과 어떤 표현으로 학생들에게 질문하고, 대화를 나눌지 교사의 언어에 대한 고민이 필요하다. '아'와 '어'는 닮았지만 그 뜻은 많은 차이가 나기 때문에 학생들과 나누는 대화는 반드시 정제되어야 하고 의도를 가져야한다. 비슷하지만 약간 다른 표현 한 끗 차이가 학생들에게 반발심을 불러일으키기도 하고, 감동으로 다가가 행동의 변화를 일으키기도 하기 때문이다.

생활지도를 할 때 어떤 일이 발생하고 나서 학생들과 함께 대화를 나누고 문제를 해결해 가는 것도 중요하지만, 그 전에 바른 생활 습관을 형성하고 연습하는 것이 생활지도에서 더 중요한 부분이라고 할 수 있다. 질병도 치료보다는 예방이 더 중요하듯이 말이다. 지금부터는 바른 생활 습관 형성과 생활지도에 사용할 수 있는 단순하면서도 유용한 꿀팁을 3가지 소개하고자 한다.

꿀tip 1 학급일지 활용하기

● ● ●

바른 생활 습관을 형성하기 위해 열심히 생활지도를 한 과정을 바탕으로 결과를 기록하는 것도 매우 중요하다. 1년 간 학생의 행동 변화를 알아볼 수 있고 더 나은 교육적 방향을 고민하는 데 도움이 되기 때문이다. 마치 일기를 쓰듯 학급에서 있었던 일을 기록하는 것을 '학급일지'라고 표현한다.

담임교사라면 거의 필수적으로 활용하는 학급일지는 출력·제본하여 수기로 작성하기도 하며 pdf 파일로 태블릿으로 작성하기도 한다. 요즘은 PC와 모바일에서 모두 기록할 수 있는 메모·일정 관리 어플리케이션을 활용하기도 한다.

학급일지는 학급 교육과정을 계획적으로 운영하는 데 효과적이다. 매 수업시간마다 어떤 활동을 할 것인지, 어떤 자료를 활용할 것인지와 시간을 어떻게 분배할지 간단하게 적어놓기만 해도 40분 수업을 진행하는 데 큰 문제가 없다. 보통 하루에 4~5교시 담임교사의 수업이 있으므로 한 시간 당 10분가량 투자하면 한 시간 내에 다음 날의 수업을 미리 준비할 수 있고, 준비된 수업은 한 시간 내 효율적인 학습을 이끌어가고 학생들에게도 항상 수업에 있어 철저한 모습을 보여줄 수 있다.

아울러 특기 사항이 있는 경우 기록하여 학생 생활지도 및 성적처리에 활용할 수 있다. 학기 말 가정통신문을 발송할 때 학생별로 기록해 둔 일지가 있다면 별도로 문구들을 떠올릴 필요 없이 그대로 쓰기만 하면 된다. 학생의 생활 태도가 평소와 다르거나 급우 간 문제

수기로 작성하는 학급일지

프로그램 '노션'을 활용한 학급일지

가 생겼다면 마찬가지로 기록해두고 추후 비슷한 문제가 생겼을 때 참고할 수 있다. 학생의 입장에서도 선생님이 오래전 일을 기억하고 있다면 항상 자신을 챙겨주고 생각하고 있다고 느낀다.

학급일지는 만약의 사태를 대비하기 위해서도 꼭 필요하다. 학교폭력이나 학교 안전사고가 발생했을 때 교사가 평소 어떻게 지도했는지, 문제가 생겼을 때 어떻게 대처했는지가 우선으로 파악된다. 평소에 학생들의 생활 모습과 학급 교육과정을 꾸준히 기록한 학급일지는 교사를 보호해줄 수 있는 중요한 도구가 된다. 학부모로부터 민원이 발생했을 때 역시 마찬가지며, 평소 상담을 할 때도 학생의 성격이나 태도를 두루뭉술하게 구술하는 것보다는 구체적으로 어떤 행동을 했고 어떻게 공부하는지를 바탕으로 이야기한다면 학부모와의

136

관계에서도 신뢰를 쌓을 수 있다.

이렇게 한 해를 열심히 작성한 일지는 학년 말 다시 한 번 되돌아보며 특별히 남기고 싶은 교육활동은 다음 해에 발전시켜볼 수 있고, 고쳐야 할 점을 되짚어볼 수 있다. 그리고 학년이 끝나더라도 되도록 보관하는 것이 좋다. 나중에 교육과정을 돌아볼 수도 있는 한편, 졸업한 후에도 민원이 발생할 수 있는 여지가 있기 때문이다. 이러한 점에서 파일이나 프로그램 형태로 작성한 학급일지는 보관이 편리하다는 장점이 있다.

꿀tip 2 교실놀이 활용하기

● ● ●

◈ 거울놀이

거울놀이는 "거울놀이 시작."이라는 구호를 외치면 학생들이 선생님의 행동을 보고 따라하는 것이다. 매우 단순하지만 학생들이 재미있어하고, 익히고자 하는 바른 말과 행동을 학생들이 거부감 없이 연습해 볼 수 있는 놀이이다. 처음부터 모범행동을 실연하면 효과가 매우 떨어진다. 처음에는 학생들이 재미있어하는 동작을 먼저 보여준다. 이때 선생님이 절대 창피해해서는 안되며, 말없이 동작만 하는 것이 좋다. 여러 가지 포즈를 취해본 다음에 자연스럽게 짧은 말을 툭 뱉어준다.

예를 들면 "오~ 잘하는데~"라고 하면 학생들 중의 일부가 "오~ 잘하는데~"라고 따라하게 된다. 선생님이 "이건 따라하지 마요."라고 하면 반의 모든 학생들이 "이건 따라하지 마요."라고 선생님의 말과 행동을 자연스럽게 따라하게 된다. 이때 선생님은 매우 답답한 척 연기하며 학생들과 대화 나누듯이 이야기를 하고 행동을 한다. 주의해야 할 것은 말은 한 번에 너무 길게 하면 안 되고, 한 문장 단위로 끊어준 후 학생들이 웃으며 따라할 충분한 시간을 줘야 한다. 한참을 재미있는 동작을 하고 학생들이 놀이에 깊이 몰입하게 되면 이제는 선생님이 모범행동을 시연하고, 학생들이 따라하게 한다.

위와 같이 모범 동작을 반복해서 익힌 후 "거울놀이 끝."이라고 외

거울놀이의 실제

교사: 거울놀이 시작!

교사: 얘들아, 난 말이야. 너희가 너무 좋아.

학생들: 얘들아, 난 말이야. 너희가 너무 좋아.('얘들아, 난 말이야. 너희가 너무 싫어.'라고 장난치는 학생들도 있지만 지속적으로 반대로 하지 않는다면 못들은 척 놔두어도 괜찮다.)

교사: 그런데 어른을 만났을 때 공수인사를 잘하면 훨씬 더 좋아질 것 같아.

학생들: 그런데 어른을 만났을 때 공수인사를 잘하면 훨씬 더 좋아질 것 같아.

교사: 자! 손동작은 두 손을 이렇게 하고(손의 모양을 보여주며)

학생들: 자! 손동작은 두 손을 이렇게 하고(손의 모양을 따라하며)

교사: 모은 손을 배꼽에 올리고(손을 배꼽에 올리고)

학생들: 모은 손을 배꼽에 올리고(손을 배꼽에 올리고)

교사: 안녕하세요.(몸을 숙이며 인사한다.)

학생들: 안녕하세요.(몸을 숙이며 인사한다.)

교사: 아이고~ 인사를 참말로 잘 하는구먼~(할아버지, 할머니 흉내를 내며)

학생들: 아이고~ 인사를 참말로 잘 하는구먼~(할아버지, 할머니 흉내를 내며)

교사: 참 잘했어요. (박수치기) 역시 여러분이 최고야!(엄지 척)

학생들: 참 잘했어요. (박수치기) 역시 여러분이 최고야!(엄지 척)

교사: 거울놀이 끝!

거울 놀이하는 모습

치며 놀이를 종료하면 된다. 물론 학생들은 "거울놀이 끝."도 따라 하면서 놀이를 계속 연장하려고 한다. 이럴 때는 몇 번 더 학생들과 게임을 한 다음에 종료를 해주는 것도 좋다. 놀이를 끝낸 후에는 연습했던 모범 동작이나 말에 대해 질문하며 학생들이 자연스럽게 익힐 수 있도록 도와주는 것이 필요하다. 놀이만 하고 정리를 해주지 않으면 정말 단순한 놀이에 그치게 되기 때문이다. 생활지도의 한 가지 방법으로 거울놀이를 소개했지만 게임의 특성을 파악하고 잘 적용한다면 수업, 학급경영 등에도 충분히 적용할 수 있을 것이다.

◈ 가라사대 놀이

매우 많이 알려진 놀이이고, 단순하지만 생활지도 효율성은 최고인 놀이이다. 만약 오늘 미술 만들기 수업을 했다고 가정하자. 만들기 수업을 하고 난 후 교실의 모습은 여기저기 쓰레기로 가득 차 있다. "애들아~ 오늘은 미술 수업을 했으니까 자기 주변 정리 더 깨끗하게 하자."라고 이야기하면 "네"라고 대답해놓고 주변을 치우지 않는 많은 학생을 보게 될 것이다. 그럴 때 여러분은 어떻게 반응하는가? "빨리 청소해야지!", "다시 한 번 이야기할게. 빨리 치우자!", "얘들아~ 정리 좀 해주면 안 되겠니?", "아~ 그냥 내가 치울게." 이 중 하나가 여러분의 반응이라면 지금 빨리 가라사대 놀이를 시작해보길 바란다.

가라사대 놀이는 사회자(주로 교사)가 "가라사대"라고 말한 다음에 하는 명령을 따라 하는 놀이이다. "가라사대"라고 말했는데 명령을 따라 하지 않거나(혹은 너무 늦게 반응하거나) "가라사대"라고 말하지 않았는데 명령을 따라 하는 경우는 탈락이 된다. 이 놀이도 거울놀이와 마찬가지로 처음부터 교사가 시키고자 하는 본론으로 바로 들어가면 학생들이 재미없어하고 효과가 떨어지게 된다. 놀이의 재미부터 느끼게 해야 한다.

가라사대 놀이의 실제

교사: 가라사대 놀이를 시작하겠습니다. 가라사대 일어서!

학생들: 일어선다.

교사: 앉아.

학생들: 일부는 서 있고, 일부는 앉는다.(물론 자리에 앉은 학생은 탈락이다. 이때 탈락했다고 해서 함부로 행동하거나 탈락했는데도 계속 따라 하는 학생이 있을 수 있으므로 게임 시작 전 규칙을 설명할 때, 탈락해도 규칙을 잘 준수하는 학생에게는 적절한 보상〈칭찬 포인트 등 학급에서 사용하는 다양한 보상체계 활용 등〉이 있다고 하여 끝까지 규칙을 잘 지킬 수 있게 해주어야 한다.)

교사: 가라사대 박수 세 번 시작!

학생들: 박수 세 번 치기

교사: 지금 너무 늦어요. 0.1초 만에 박수 세 번 시작!

학생들: 박수 세 번 치기(대부분이 탈락이다.)

교사: 오~ 석준이만 남았구나! 석준이 앞으로 나와서 사탕 받아 가렴!

석준: 웃으며 앞으로 나온다.

교사: 석준이 탈락! 선생님이 가라사대 안 했잖아. 끝날 때까지 끝난 게 아니야. 가라사대 놀이를 끝내겠습니다.(이 지점에서 반 학생들 전체가 재미있어 하며 보통은 한 번 더 하자고 이야기한다.)

이런 식으로 2~3번 정도 학생들과 재미있게 놀아야 한다. 학생들이 적응을 하면 잘 속지 않기 때문에 교사는 학생들을 어떻게 하면 속게 만들 수 있을지 연구를 많이 해야 한다. 학생들이 충분히 재미있어하면 이제 교사가 활용하고자 했던 본 의도를 실현한다. "가라사대 1분 안에 떨어진 쓰레기를 모두 쓰레기통에 버립니다."라고 외치는 순간

눈앞에서 기적을 보게 될 것이다.

이 놀이는 학년을 구분하지 않고 학생들이 매우 좋아하는 놀이이다. 실제로 우리 반(6학년)에서는 마지막 남은 우승자에게 앞으로 나오라고 해도 끝까지 나오지 않는다. 그랬을 때 "가라사대 교문을 벗어날 때까지 말을 하지 않습니다. 교문을 벗어나면 가라사대 놀이가 끝납니다."라고 이야기한 적이 있다. 그리고 "다른 학생들은 탈락했으니까 마음껏 이야기하면서 집에 가도 된다."라고 이야기 했을 때, 최후의 1인인 학생은 정말 교문을 나갈 때까지 이야기를 하지 않았고(함께 하교 했던 친구들이 증언해주었다.) 학생들은 탈락했지만 이긴 것 같은 기분으로 우승한 친구에게 계속 말을 걸며 웃으며 하교를 했었다.

꿀tip 3 학급보상법 활용하기

• • •

학생들의 바른 생활 습관 형성과 긍정적인 행동의 변화를 불러오기 위해 적절한 칭찬과 보상을 활용하는 방법이 있다. 행동 변화에 대한 보상은 학생들이 뿌듯한 마음이나 성취감을 느끼게 하여 긍정적인 행동을 강화하는 효과가 있다. 학급보상법은 학급회의를 통해 학생과 함께 보상의 기준을 정하거나, 교사가 자신의 교육관을 바탕으로 학급의 보상체계를 구상하여 적용할 수 있다.

그러나 보상을 잘못 사용하면 보상만을 바라고 행동하거나 보상받는 것을 포기하여 오히려 역효과가 나는 문제점이 있을 수 있다. 문제점을 보완하여 적절한 칭찬과 보상을 활용하기 위해서는 몇 가지 알아둬야 할 점이 있다.

첫째, 지나친 경쟁이 발생하지 않도록 협동 요소를 적절히 섞어서 활용해야 한다. 이것은 교실놀이를 할 때도 마찬가지인데 보상을 획득하는 방법으로 지나치게 경쟁적인 부분을 강조하다 보면 마음이 상하는 아이들이 종종 발생하게 된다. 경쟁보다는 협동으로 과제를 해결하고 보상을 획득하도록 하는 것이 훨씬 효과적이다. 가끔 경쟁적인 부분이 도드라지는 활동이 있다면 특정한 모둠이나 개인이 항상 우승하는 일이 없도록 잘 조정해야 한다. 교사가 너무 공정하게만 보상을 하게 되면 유독 잘하는 모둠과 유독 뒤처지는 모둠이 생기게 된다. 어떤 모둠은 매번 실패만 맛보며 과제에 도전하기도 전에 포기해 버리는 일이 발생하기도 한다. 이런 경우에는 교사가 공정함보다는 운영의 묘를 살려 성공의 기쁨도 맛볼 수 있도록 잘 조절해야 한다.

둘째, 학생의 특성을 잘 분석하고 특성에 맞게 칭찬과 보상을 해야 한다. 그리고 잘하는 것보다는 노력하는 모습과 변화된 모습을 발견하고 더 격하게 칭찬과 보상을 한다. 어느 학급이든 뭐든지 잘하고 성실하고 빠른 학생이 있는가 하면 뭐든지 느리고 불성실한 학생도 있다. 잘하는 아이가 계속 잘하게 하는 것도 중요하지만 이 아이들은 이미 자존감이 높은 상태라 작은 보상으로도 만족하기도 하고 심지어 보상이 없어도 열심히 한다. 그러니 흥미가 떨어지지 않을 정도로만 칭찬을 해주면 된다. 하지만 느리고 불성실한 아이는 칭찬받을 일이 거의 없다.

그럴 때는 아주 쉬운 과제를 주고 성공했을 때 엄청난 칭찬을 해줘야 한다. 예를 들어 느린 학생이 손을 들고 발표를 했는데 그 내용이 정말 엉망이더라도 발표를 시도한 노력을 칭찬하는 것이 좋다. "선생님은 ○○이가 용기내서 이야기해줘서 정말 고맙고 행복해. 앞으로도 계속 그렇게 도전해주길 바라."라고 이야기하며 칭찬 자석을 5개 붙여줘 보자. 그 아이는 모둠이 협동 보상을 얻는 데 일등 공신이 되고 모둠 친구들로부터 긍정적인 시선을 느낄 수 있게 된다. 이러한 경험은 느린 학생의 자존감을 올려주고 긍정적인 학교생활에 도움을 주게 된다. 물론 교사의 불공정한 행동이지만 때로는 의도된 불공정이 누군가에는 정말 절실하게 필요한 칭찬일 수 있음을 잊어서는 안 된다. 이 친구의 자존감이 회복되면 조금씩 보상을 줄여서 공정하게 주면 된다. 느리고 소극적인 아이로 인해 모둠 칭찬 자석을 떼어서 모둠의 역적이 되지 않도록 하자.

셋째, 벌은 사용하지 않는다. 많은 사람이 규칙을 어겼을 때 벌도 함께 사용하지만 사실 벌은 긍정적인 효과가 없다. 벌은 명목상으로만 만들고 가능하면 실제로 적용하지 않는 것이 좋다. 학생들이 규칙을 지키지 않았다면 차라리 서로 대화하고 용서하는 기회를 더 주는 것이 훨씬 효과적이다. 만약 벌을 줘도 아이가 변하지 않거나, 벌에 응하지 않는다면 교실의 분위기는 더욱 나빠질 수밖에 없고, 다시 되돌아오는 명분도 없기 때문에 교사도 학생도 힘들게 될 수 있다.

그러나 만약 학급에 밝고 유쾌하고, 인기도 많고, 선생님과 농담도 주고받을 수 있는 성격의 재미있는 학생이 있다면 자석을 1개씩 일부러 떼도 좋다. 그런 학생은 수업 중에 친구들에게 웃음을 주려고 교사에게 일부러 웃긴 말이나 표정 행동을 한다. 이럴 때 교사도 웃으면서 "좋아, 자석 1개 뗀다." 하고 자석을 떼면 학급의 분위기가 어두워지는 것이 아니라 모든 반 아이들이 킥킥거리며 좋아하고, 분위기가 밝아진다. 이렇듯 학급에 있는 학생 한 명의 성격도 생각하며 맞춤형으로 적절한 칭찬과 보상을 준다면 긍정적인 학급경영을 할 수 있다.

Ep: 칭찬자석을 활용한 모둠 보상

나는 신규발령을 받고 3년차가 되었을 때 처음으로 30명의 학생이 있는 학급의 담임이 되었다. 사실상 처음으로 교직에 들어오기 전 상상했던 담임선생님다운 역할을 맡게 된 것이다. 그때 나는 학생들에게 만만하게 보이고 싶지 않아서, 원칙을 세우고 공정하게 학급을 운영하고 싶어서 엄격한 선생님이 되기로 했다. 흔히 말하는 무서운 선생님 이미지를 만들어 생활지도를 했다. 그렇게 생활지도를 했을 때 우리 반에 큰 문제는 없었지만 학생들의 적극성이 떨어지고, 교실 분위기가 생기가 없어지는 느낌이 들었다.

내 생활지도 방식에 뭔가가 부족하다고 느끼고 있었는데 어느 날 우연히 마주하게 된 꿀팁으로 이 문제가 해결되었다. 학생들이 하교한 후 교무실에서 업무를 처리하면서 우리 반 학급경영과 생활지도에 대해 농담을 섞어가며 이야기를 나누고 있었는데 교감 선생님께서 코팅된 A4용지를 주셨다.

"자네, 이거 한 번 교실에서 써 보겠나? 별거 아닌데 효과가 좋아. 학생들이 좋아해."

그것은 '우리 모둠 파이팅!'이라는 제목에 1모둠부터 6모둠까지 적혀 있고 모둠 이름 위로 빈칸 여러 개가 그려져 있는 판이었다. "학생들이 열심히 활동할 때, 자석 하나씩 붙여 줘. 제일 많이 자석을 모은 모둠 먼저 점심 먹으러 간다고 해봐."

사실 그 당시에는 전혀 믿지 않았다. 교감선생님이 주신 것이라 차마 버리지는 못하고 다음 날 교실에 들고 가 보았다. 새로운 물건을 본 학생들이 그것이 뭐냐고 궁금해 했고, 나는 교감 선생님께 들은 대로 이야기했다. **"너희가 잘하면 자석 모둠에 자석 하나 붙여줄게. 자석이 많은 모둠 순서대로 점심 먹으러 갈 때 앞에 설 거야."** 이 한마디의 효과는 어마어마했다. 학생들은 별거 아닌 이 보상을 위해 정말 최선을 다해 활동에 참여하기 시작했다.

심지어는 개별적으로 칭찬할 일이 있어 학생에게 상품을 주겠다고 해도 상품 대신에 모둠 자석 한 개를 달라고 할 정도였으니 말이다. 물론 처음으로 도입한 이 방법은 몇 가지 문제점이 있었고, 한 해 한 해 시행착오를 거치면서 운영 방법에 디테일을 더해 운영방식에 많은 변화가 있었으나 어쨌든 큰 틀에서 이러한 보상체계를 가지고 지금까지도 학급을 경영하고 있다. 그리고 지금까지 내가 맡았던 모든 학년 모든 학급에서 이 방법은 분명히 효과가 좋았다.

주의할 것은 이 보상법은 경쟁을 기반으로 하기 때문에 특정 모둠이 계속 우승하게 하거나 꼴등을 하지 않게 교사가 적절하게 조절해야 한다. 모둠 구성도 주기별로 바꿔주면서 학생들의 동기를 유발하는 것이 필요하다. 교사가 강조하고 싶은 바른 생활 습관을 학생들이 잘 실천했을 때는 더욱 많은 자석을 줘서 효율적인 생활지도가 가능하다.

(다음의 사진에 보이는 큰 자석의 이름은 절대 자석이며, 작은 자석 5개와 같은 역할을 한다. 교사가 강조하고 싶은 생활지도 부분에서 학생들이 바른 행동을 했을 때, 칭찬과 함께 붙여주면 효과가 매우 좋다. 또한 평소에 칭찬을 잘 받지 못하는 학생이 바른 행동을 했을 때 절대자석을 붙여주면서 1등을 하는 기쁨을 느끼게 해줌으로 인해 학생의 동기를 지속하게 만들어 효율적인 생활지도를 할 수 있다.)

교감 선생님께서 주신 모둠 칭찬판

Ep: 네가 좋으면 나도 좋아!

'와! 멋지다. 나도 열심히 해 봐야겠다.'

'정말 마음이 따뜻한 친구네'

'지난번엔 못했는데 이번에 성공하다니 엄청 노력했겠네.'

칭찬을 받는 친구를 보고 모두 이렇게 생각하면서 함께 축하해 주고 기분이 좋을 것 같지만 모두가 그렇지는 않다.

'나도 지난번에 혜민이처럼 잘 했는데 왜 이번에만 칭찬을 하시지?'

'아, 부럽다. 나는 언제 스티커를 다 모으나'

'또 현주가 상을 받는 거야?'

'나보다 못하는데 무슨…'

칭찬을 받지 못한 학생은 칭찬을 받은 학생에 대한 부러움으로 인해 시기와 질투가 날 수 있다. 친구의 기쁨을 온전히 축하해 주며 나까지 행복해질 수 있으면 얼마나 좋을까?

학생들이 모두 서로를 응원하고 기쁨을 함께 나눌 수 있도록 하는 데 도움이 될 방법으로 '개인이 칭찬받은 것에 대한 보상을 전체로 주기'이다. 개인이 바람직한 행동을 했을 때 얻을 수 있는 강화 요소로 전체 보상을 선택하는 것이다. 학급에서 적용한 예를 통해 자세한 방법을 알아보자.

친구에게든 선생님에게든 칭찬을 받은 학생은 '칭찬 공'을 우리 반 칭찬함에 넣는다. 칭찬을 받은 학생 개인에게 직접적인 보상은 없다. 여러 명의 칭찬 공이 우리 반 칭찬함에 가득 차면 반 전체 선물이 있다. 그 선물은 매월 학생들이 정하는데 팝콘 먹으며 교실에서 영화 보기, 놀이 활동 두 시간하기, 과자 파티하기 등 다양하다. 칭찬함을 가득 채우는 정도는 월 1회가 적당했는데, 필요할 땐 월 2회로 늘리거나 두 달에 한 번으로 줄이는 등 학급의 상황에 맞게 조절이 가능하다.

 칭찬은 칭찬 자체로 행복감을 주는데 나의 칭찬받을 행동이 우리 반 친구들도 기분 좋게 한다는 사실로 칭찬을 받은 학생은 몇 배로 행복감을 느낀다. 다른 친구들은 칭찬받은 친구를 더 즐거운 마음으로 바라보면서 축하해 줄 수 있다. 간혹 칭찬을 받고도 칭찬함에 칭찬 공 넣는 것을 깜빡하는 친구가 있는데 친구들이 챙겨주면서 하나가 되는 모습을 볼 수 있었다.

"현주야 너 아까 발표 목소리 커져서 칭찬받았잖아. 칭찬 공 넣어야지~"

칭찬함을 다 채우면 우리 반 선물이 기다린다는 즐거움도 있지만 '친구의 행복이 곧 나의 행복'이라는 마음의 습관이 생기면서 친구를 바라보는 시선도 달라지고 반 분위기도 좋아진다.

올해 우리 반 서현이가 칭찬 공에 '탱글이'라는 이름을 붙였다. 칭찬함은 '탱글통'이라고 한다. 왜 그렇게 붙이고 싶냐고 물었더니 그냥 기분 좋아지는 느낌이라고 했다. 칭찬 공과 칭찬함이라는 말이 너무 식상하다면서 말이다. 반 학생들도 모두 그 이름이 더 좋다고 해서 그렇게 하기로 했다. 학생들과 칭찬 공과 칭찬함의 이름을 사랑스럽게 지어보는 것도 좋을 것 같다.

7장

학급규칙
어떻게 세워야 할까?

가끔 교실은 전쟁터가 연상되기도 한다. 수업하고 생활지도를 하느라 눈 코 뜰 새가 없으며, 생각하지도 못한 일들이 폭탄처럼 펑펑 터지는 곳이 우리 교실의 흔한 모습이다. 일부 선배 교사들은 이렇게 말씀하신다.

"3월 한 달은 웃지도 말고 무섭게 해서 아이들을 꽉 잡아야 해. 그래야 학급에 문제가 안 생기고 선생님도 생활지도하기가 편해."

물론 '무서운 선생님'의 효과는 빠르게 나타날 수 있지만, 학생들과의 관계에서 어려움이 표출되기도 한다. 학생들이 감정을 감춰버리게 되고, 학급의 분위기는 갈수록 답답해진다. 학생들은 완벽하게 성숙하지 않았기에 잘못된 행동이란 것을 알지만 같은 실수를 반복하기 마련이고, 그때마다 엄격하게 학급을 통제하게 된다면 교실의 분위기는 부정적으로 흘러갈 수밖에 없다. 그러므로 통제하고 규제하는 방법보다는 학생들이 하고 싶게 만들고 즐겁게 하게 만드는 긍정적인 방법을 선택하는 것이 좋다.

그렇다면 교실 속 작은 전쟁터에서 긍정적인 방향으로 승리하기 위한 선생님의 무기는 무엇일까?

첫 번째로 아이들이 좋아하는 것과 교사가 잘하는 것을 이용하는 방법이다. 교사도 자기에게 맞는 옷을 입었을 때 자연스럽고 활기차며 학생들에게도 긍정적인 영향을 미친다. 내가 잘하는 것이 무엇인지 생각하고 학급에 적용할 수 있는 방법을 고민해봐야 한다. 나는 주로 학급경영과 수업에서 아이들이 좋아하는 교실 놀이와 재미있는 이야기를 많이 활용한다.

두 번째로 학급 급훈을 만드는 방법이다. 급훈은 1년 동안 선생님 및 친구들과 함께 일구어낼 학급의 공동 목표다. 학년 초에 학생들이 서로 동의하는 목표를 하나 정해두면 다양한 상황을 마주했을 때 급훈을 상기하며 학급의 일관성을 유지하기 좋다.

의견 모으기

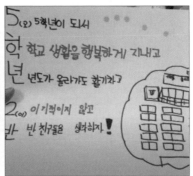

급훈 만들기

세 번째로 의미 있는 역할을 정하는 방법이다. 의미 있는 역할 활동은 교실에서 학생들이 각자 한 가지씩 할 일을 도맡아 하며 생활하는 것을 말한다. 학년 초에 학생들과 학급에서 일어나는 일을 이야기해 보면 종류가 매우 많다는 것을 알 수 있다. 교실의 불을 켜고 끄는 것에서부터 환기하기, 체온 확인하기, 출석 확인하기, 우유 마시기, 안내장 제출하기, 숙제 검사하기, 수업 결과물 전시하기, 급식실·체육관·운동장으로 이동하기, 알림장 쓰기, 청소 및 정리하기 등 많은 일을 겪으며 하루를 보낸다. 어른에게는 모두 사소한 일이지만 학생들에게는 중요한 일들이다. 의미 있는 역할 활동을 계획, 스스로 원하는 역할을 선택하고 수행하며 자기 결정권, 소속감, 책임감 등을 배울 수 있다.

네 번째로 학생 중심의 학급규칙을 세우는 방법이다. 해마다 각기 다른 학생들이 한 학급에 모이며 그들이 중요하게 생각하는 가치들은 모두 다르기 때문에 학급규칙은 매년 새롭게 세워야 한다. 학기 초에 충분한 시간을 두고 학생들끼리 토론과 협의를 거쳐 학급 공동 목표와 연결되는 규칙들을 만드는 것이 좋다. 스스로 만든 규칙인 만큼 자발적으로 지키려고 노력할 것이다. 이를 통해 학생들은 책임감을 기를 수 있고 학급은 누구에게나 더 안전한 공간이 될 수 있다.

학생주도적으로 학급 규칙을 세울 때의 주의점

이렇게 학생들의 의견이 반영되어 함께 실천해 가는 과정에서 학생들은 자기 주도적으로 생활할 수 있는 습관을 형성할 수 있다. 작은 국가인 교실에서 모두가 참여하여 우리만의 법을 정하고 실천하

<학생주도적으로 학급규칙 세우는 과정>

1단계	2단계	3단계	4단계
겪고 생각해보기	의견 제시·공유하기	고르고 결정하기	지키고 수정하기
• 1~2주 동안 새로 만난 친구들과 학급 생활하기 • 안전한 생활을 위해 우리 반에 필요한 규칙 생각해보기	• 생각해 본 규칙을 1~2가지씩 써서 모으기(포스트잇 활용) • 친구들과 함께 모은 의견 공유하기	• 모은 의견 중 가장 필요하다고 생각되는 의견 2가지씩에 각자 투표하기 • 다득표 순으로 3~5개의 규칙을 우리 반 규칙으로 결정하기	• 우리 반 규칙을 지키며 생활하기 • 수정·보완이 필요한 규칙은 수시로 학급 회의를 통해 바꿔나가기

의견 모으기   규칙 투표

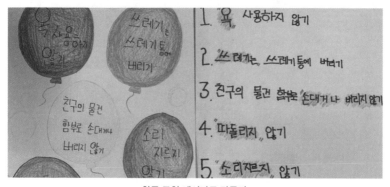

학급 규칙 게시자료 만들기

는 민주시민의 자질을 기를 수도 있다. 그러나 학생의 의견을 반영할 때에는 몇 가지 주의할 점이 있다. 먼저 목소리가 큰 학생 또는 힘 있는 학생을 중심으로 학급의 방향이 결정되지 않도록 해야 한다. 학급 회의를 할 때 손을 들고 말하거나 발언권을 얻고 말하는 방식으로 매번 진행한다면 소극적인 학생에게는 의견을 표출하기 어려울 수 있다. 그래서 회복적 생활교육에서 사용되는 서클 활동을 추천한다. 서클 활동이란 한 가지 주제를 가지고 모든 반 아이들이 동그랗게 둘러앉아 순서대로 자신의 의견을 전부 이야기하는 것이다. 발언 도구를 가진 친구만 이야기를 할 수 있고 다른 모든 친구는 경청한다. 물론 말하기 싫은 친구는 '패스'를 사용하여 친구들의 의견을 들어본 후 이야기하게 해도 좋다. 힘 있는 소수에 의해 규칙이 결정되는 것이 아니라 모든 사람이 평등하게 의견을 말하고 의사결정을 하는 것이 중요하다. 새로운 의견이 없다면 앞에서 나온 다른 사람의 이야기를 똑같이 해도 좋다. 어쨌든 그것도 자신의 의견을 표출한 것이기 때문이다.

그리고 학생의 의견은 최대한 반영하되 교사는 올바른 방향을 제시할 필요가 있다. 학생 주도적으로 학급규칙을 세워 생활하는 것은 매우 이상적이고 좋지만, 아이들에게 모든 것을 맡기고 교사는 뒤로 빠져 있어서는 안 된다. 꼭 필요한 규칙이 빠져 있거나 지킬 수 없는 비현실적인 규칙이 포함되기도 하는 문제점이 발생할 수 있기 때문이다. 그러므로 선생님들이 아이들과 학급의 규칙을 정할 때 미리 아이들에게 이렇게 이야기하는 것이 필요하다.

"학급의 주인은 여러분이지만 선생님도 여러분과 함께 학급에서 생활하는 사람으로서 서로 의견의 조율이 필요하다고 생각합니다. 여러분이 정한 의견을 대부분 수용하겠지만 도저히 받아들이기 어렵거나 현실적으로 불가능한 것은 바꿔야 합니다. 또한 여러분이 정한 규칙이 7개라면 선생님이 여러분과 생활하면서 강조하고 싶은 것 3개 정도를 학급 규칙에 넣어도 되겠습니까?"

학급규칙을 정할 때는 학생들의 필요와 요구를 최대한 수용하되 교사의 의도도 함께 반영될 수 있도록 하는 과정이 필요하다. 학급을 운영하는 데 가장 중요한 학급규칙에 교사의 의견이 빠져 있다면 중간에 규칙을 갈아엎거나 아이들과의 충돌이 생기고 만다. 학급규칙을 중간에 바꾸는 것이 나쁜 것은 아니지만 자주 바꾸게 된다면 규칙으로서의 의미도 옅어지게 된다. 그러니 한 번 세울 때 학생과 교사의 의견을 적절하게 조합할 필요가 있다. 교사의 교육철학과 학급경영관이 학급규칙에 반영될 수 있도록 하자.

Ep: 학급 규칙 + 학급보상

학급의 규칙을 세우고 학급보상법과 연계하여 적용하였다. 규칙을 잘 준수할 때 자석을 획득하고, 규칙을 잘 지키지 않으면 자석을 잃는 방식이었다. 초창기의 규칙은 주로 교사인 내 마음대로 결정해 통보했다. 사실 교사 주도의 이 방법이 제일 공정하고 옳은 방법일 수 있다. 정말로 필요하다고 생각한 것들만 규칙으로 가져오기 때문이다. 그런데 이 방법은 아이들의 의견이 반영되지 않은 규칙이다 보니 의외로 아이들의 반발이 있었다.

6학년을 맡았을 때 '숙제를 하지 않으면 자석 5개 떼기'라는 규칙이 있었다. 물론 교사가 일방적으로 결정해서 통보했던 규칙이었다. 이 규칙을 적용하고 있었는데, 일부 학생들에게 불만이 터져 나오기 시작했다. 자신이 열심히 숙제를 해와도 모둠 친구가 숙제를 안 해오면 오히려 자석이 줄어들기 때문이다.

이 문제를 해결하기 위해 도덕 수업에서 준법정신을 주제로 하여 찬반대립토론 수업을 실시했다. '숙제를 하지 않으면 자석 5개를 떼는 규칙은 유지되어야 한다.'를 주제로 토론을 했고 아이들은 정말 있는 힘을 다해 토론에 임했다. 토론을 끝내고 적절한 협의를 통해 떼는 자석을 3개로 줄였던 기억이 난다.

이 과정을 통해 나는 2가지를 깨달았다. 하나는 학급의 규칙을 아이들이 스스로 결정하게 하는 것이 좋겠다는 것과 다른 하나는 규칙에서 벌을 정해 놓으니 규칙을 잘 지키는 친구가 피해를 입게 되고, 이로 인해 규칙을 안 지킨 친구는 다른 친구로부터 비난을 받게 되니 규칙을 정할 때 벌은 명시하지 않는 것이 좋겠다는 것이었다. 벌을 명시하게 되면 아이들이 규칙을 어겼을 때 반드시 벌을 실시해야 한다. 만약에 만들어 놓고 지키지 않는다면 규칙은 의미를 잃어버리고, 엄격하게 지킨다면 긍정적인 학급 분위기를 만들기 위해 선택한 방법이 오히려 부정적인 효과를 불러일으키기 때문이다.

이 이후로 나는 아이들에게 학급회의를 통해 학급규칙을 정하게 했고, 칭찬받는 상황과 벌을 받는 상황을 정하게는 했지만 어떤 상을 얼마나 받을지, 어떤 벌을 어떻게 받을지는 구체적으로 명시하지 않았다.

이렇게 칭찬과 벌의 기준이 유연하게 적용되어야 교사의 생활지도에 숨통이 트인다. 너무 구체적이고 엄격하게 적용되는 잣대는 소외되거나 학생들을 중간에 포기하게 만들 수 있기 때문이다. 학급규칙을 학급보상법과 연계하여 활용할 때에는 교사가 융통성을 가지고 학생들의 상태에 맞게 조절하여 운영하면 좋겠다.

3부

수업

수업의 최강 아이템 장착 가이드

3월 첫날, 교실엔 베테랑 학생들과 초보 선생님이 있었다. 내가 너무 모르고 못해서 울고만 싶었다. 가장 눈물이 날 것 같은 건 오늘만 수업하는 게 아니라는 사실이었다. "3월 2일에 6교시 시정이에요."라는 부장님의 말씀에 진짜 눈물이 핑 돌았다. 사실 시정이라는 말도 이날 처음 들었다. 선생님이라는 호칭도 학교도 업무도 모두 낯설고 어려운데 수업은 해야 했다. 선생님이니까.

'세상에 1시간도 아니고 혼자서 6교시를?' 내가 했던 수업이라곤 교생 실습 때 했던 수업이 전부다. 그 수업은 몇 날 며칠을 준비하고 피드백도 받아 딱 1시간 하면 됐었다. 무엇보다 실수해도 도와주실 담임선생님이 계셨다. 그런데 아무도 없이 혼자 준비하고 혼자 6시간을 수업해야 한다니. 그동안 열심히 교육과정도 외우고 수업도 실연했지만, 실전 수업은 어떻게 해야 할지 아무도 알려주지 않았다. 40분 동안 어디서부터 어디까지 가르쳐야 하는지, 어떤 방법으로 가르쳐야 할지 혼란하기만 했다. 초보 선생님인 난 수업에 대해 제대로 아는 것이 하나도 없었다.

1장

'수업 준비'를 준비하는 방법

수업에 대한 이해 : 다양한 이름, 하나의 수업

● ● ●

수업은 '교사가 학생에게 지식이나 기능을 가르쳐 줌. 또는 그런 일. 학습을 촉진하는 모든 활동'이라고 정의된다. 학교 현장에서는 수업의 종류가 조금 더 세분화되어 다양한 이름으로 나타난다. 특히 수업에 참여하는 대상을 기준으로 일반 수업과 공개수업으로 나눠진다.

일반 수업은 매일 교사와 학생들이 참여하는 수업이다. 교사는 학기 초에 계획한 학급교육과정에 맞춰 교과 특성에 맞게 차시 수업을 진행한다. 또한 학생들의 전인적 성장을 위하여 교과 지식뿐만 아니라 학습과 공동체 생활에 필요한 능력과 올바른 태도를 배울 수 있게 수업을 구성해야 한다.

공개수업은 학부모 공개수업과 동료 교사 공개수업으로 다시 나뉜다. 학부모 공개수업에는 담임교사와 학생, 학생의 부모가 참여하며 동료 교사 공개수업에는 담임교사와 학생, 동료 교사, 관리자가 참여한다. 이때 수업에 참여하는 학부모, 동료 교사, 관리자는 각자의 목적을 가지고 선생님의 수업을 바라본다.

학부모 공개수업에서 학부모들은 자녀가 학습하는 모습과 자녀의 교우관계를 관심 있게 본다. 그러므로 학생이 개별로 학습하는 모습과 친구들과 상호작용하는 순간을 모두 보여줄 수 있는 수업으로 구성하는 것이 좋다.

동료 교사 공개수업에서 동료 교사들과 관리자는 선생님의 수업 성장을 돕기 위해 수업을 보기도 하고, 동료 교사로서 선생님의 수업에서 배울 점을 찾으려 수업을 보기도 한다. 그러니 교사로서 성장하고 싶은 부분을 고민해 수업을 구성하면 좋다.

그런데 일반 수업이든 공개수업이든 모든 수업의 본질은 같다는 점을 기억하자. 언제나 수업의 주인공은 교사와 학생이고, 수업의 목적은 학생의 성취 기준 도달이다. 수업에 참여하는 학부모, 동료 교사, 관리자에게 신경을 쓰기보다는 항상 학생을 중심에 두고 수업을 구성해보자. 여러 마리의 토끼를 동시에 쫓는 것 보다 한 마리의 토끼를 잡으려고 치열하게 노력하는 습관이 선생님의 수업 부담을 줄일 수 있다.

수업의 준비

• • •

선생님은 저마다의 방법으로 최선을 다해 수업을 준비한다. 다른 선생님의 수업에서 도움을 얻기도 하고, 우리의 생활에서 수업자료를 가져오기도 한다. 우리는 왜 수업을 준비하고 있을까? 수업을 잘하기 위함이다. 조금 더 자세히 말하면, 학생들이 효과적으로 학습 목표에 도달하는 것을 돕기 위함이다.

수업의 준비란 효과적인 학습 목표 도달을 위해 가르칠 대상에 알맞은 학습 내용과 효과적인 수업 방법을 결정하는 일이다. 수업 전 가르칠 학생의 특성과 출발점을 파악하는 것, 성취 기준을 분석하여 가르칠 내용의 위계를 확인하는 것, 학습 내용과 우리 반 학생, 선생님 자신의 특성을 고려한 학습활동을 결정하는 것, 필요한 준비물을 생각하는 것 등 많은 부분을 고민하고 결정하게 된다.

그러나 '알맞은'과 '효과적인'을 고민하다 보면 수업에 활용할만한 활동과 수업자료가 너무 많아서 오히려 수업 준비가 어렵게 느껴진다. 좋은 것을 모두 주고 싶은 마음에 잔뜩 준비하면 수업의 내용이 넘쳐 학생들이 혼란을 겪기도 한다. 수업의 목표에 중심을 두고 준비해보자.

◈ 성취기준에서 수업으로까지 : 숲에서 나무로

우리는 수업을 통한 최종적인 목표가 '성취기준 도달'이라 말한다. 성취기준은 한 차시 동안 가르치는 것이 아니다. 어떤 성취기준은 한 학기에 거쳐 배우기도 하고, 한 단원에 거쳐 배우기도 한다.

성취기준 도달이 숲이라면 차시 수업(40분 단위 수업)은 나무를 심는 일이다. 선생님이 가르치고 학생들이 배워야 하는 것은 성취기준에 명시되어 있다. 우리가 내용 요소, 기능 요소라고 외우던 것들이 그것이다. 그래서 선생님은 성취기준 도달을 위해 각 차시 수업마다 얼마나 가르칠지를 결정해야 한다. 그리고 이러한 내용 요소들을 학생들에게 어떤 방법으로 가르쳐야 효과적일지 고민해야 한다. 활동 후에는 성취기준에 도달했는지 확인하는 평가 역시 미리 계획해야 한다. 이 모든 것이 교육과정(curriculum)이다.

성취기준 분석▶(지도서, 교과서)▶차시별 학습 목표 설정▶ 학습활동(수업)▶평가

하지만 첫 단계인 성취 기준을 분석하는 일부터 쉽지 않다. 그러니 처음에는 지도서와 교과서에 분석되어 있는 성취 기준과 차시 수업을 참고해보자. 교과서를 따라 수업을 계획하다 보면 학생들의 수준도 예상할 수 있고, 학습 내용의 특성별로 알맞은 활동이 어떤 것일지 감도 생긴다.

◆ 학생의 특성 고려하기

수업은 학생들에게 유의미하고 감동적일 때 최고로 빛이 난다. 교사가 아무리 열심히 준비해도 학생들이 그 속에서 배움을 가질 수 없다면 어떨까? 수업에 정체성을 불어넣기 위해 학생 각각의 특성을 미리 생각해보고 종합적으로 고려해보자. 학생들과 평소 생활하며 관찰했던 모습을 상기해보거나 주고받았던 대화를 떠올려보자. 그것으로 부족하다면 수업 주제와 관련한 간단한 설문을 통해 학생들의

실태를 확인해보자. 이를 통해 교사는 학생들의 현재 학습 수준, 성향, 교우관계 및 학급 분위기 등을 파악할 수 있고 이는 수업의 모습을 결정하는 데 충분한 참고사항이 된다.

◈ 교과서대로 수업해보기

학교 교육에서는 다양한 측면에서 교사의 자율성을 보장하고 강조한다. 그래서 많은 교사가 학생의 성장을 최고조로 돕기 위해 다양한 도구들과 수업 기술을 활용하여 수업한다. 그리고 수업의 내용과 순서를 바꾸거나, 하나의 주제로 프로젝트 학습을 하며 다양한 수업을 만들어간다. 어떻게 하면 학생이 즐겁고 효과적으로 배우게 할 수 있을까 고민한 노력은 박수를 받아 마땅하다. 그런데, 꼭 여러 가지로 재구성된 수업만 훌륭하다고는 할 수 없다. 수업에서 중요한 것은 '그 수업내용을 통해 성취 기준에 도달할 수 있는가'이다.

사실 신규교사 때는 우리 반 학생들의 수준 파악은 물론, 어떤 내용 요소와 기능 요소를 얼마만큼 어디까지 가르쳐야 할지 파악하기조차 힘들다. 교사의 판단에 따라 교과서를 재구성해도 좋지만, 교과서는 좋은 자료니 그대로 활용해도 좋다.

교과서로 수업을 할 때는 우리 반 학생들의 수준과 교과서의 수준이 비슷한지를 고려해보아야 한다. 우리 반 수준과 교과서 속 가상 학생들의 수준이 비슷한지 비교해볼 때 우리 반 학생들이 교과서 속 질문에 대한 답을 할 수 있을지를 고민하자. 학생들이 교과서 속 질문에 답을 하지 못할 것 같으면 단계를 쪼개 추가 발문을 하거나 더 자세히 설명해줄 수 있는 자료(영상, 그림 자료 등)를 준비하자.

교과서대로 수업하는 것이 문제가 아니라, 우리 반에 적합한 수업인지에 대한 고민 없이 하는 수업이 문제인 것이다. 수업은 선생님의 가장 강력한 무기가 된다. 조금만 힘내서 준비해보자.

◈ 지도서의 숨어 있는 팁 찾기

2학년 학생들이 자꾸 시계를 읽어 달라고 해서 '우리 반 학생들은 수학을 잘하지 못하나?'라고 진지하게 고민을 했었다. 하지만 수학 지도서를 보니 2학년에서 배워야 할 내용이 '분 단위로 시각 읽기'였다. 의외였다. 학교생활에 꼭 필요한 지식이니 1학년에서 배우는 게 맞지 않은가 하는 생각이 들었기 때문이다.

선수학습내용을 살펴보니 1학년에서의 시각 읽기는 '몇 시', '몇 시 삼십 분', '몇 시 몇 분 전'까지만 배운다고 나와 있었다. '한 번에 배우면 될 것 같은데.'라는 의문을 가지고 지도서를 마저 읽어 보았다. 이유가 있었다. 학생들이 2학년에서 곱셈 구구를 배운 후 5단을 활용해 몇 시 몇 분 읽기를 지도하기 위함이었다.

지도서에는 많은 내용이 나와 있다. 단원의 목표, 단원 개관과 흐름, 성취 기준, 차시학습 목표, 선수학습과 후속학습, 단원 지도 유의사항(지도 유의사항), 참고자료 등이 대표적이다.

단원의 개관에는 단원의 목표와 역량, 선수 학습 내용이 나타나 있다. 단원의 흐름에는 차시 수업 별 학습할 내용이 연결되어 제시되어 있다.

단원에서 무엇을 공부하는지 파악하기 위해서는 이 부분을 꼼꼼히 살펴보자. 아직 지도서 읽기가 서툰 선생님이라면 먼저 차시 학습 목

표를 살펴보아 이 단원에서 공부하는 것이 무엇인지 파악한 뒤, 단원의 개관을 읽을 것을 추천한다.

특히 선수학습과 후속학습이 명료하게 제시되어 있어서 교사가 해당 학년에서 지도할 학습 내용의 범위를 파악하는데 도움을 준다. 이에 따라 교사는 학생들이 선수 학습한 내용에 덧붙여 해당 학년에서 학습해야 할 내용을 가르칠 수 있다.

단원 지도 유의사항(지도 유의사항)에서는 해당 수업에서 반드시 다루어야 하거나 다루지 않아야 하는 내용을 확인할 수 있다. 또한 학생들이 오개념을 갖기 쉬운 내용을 언급한다. 이 부분을 꼼꼼하게 살펴서 주의해서 지도해야 할 내용을 확인하고, 학생들이 성취 기준에 효과적으로 도달할 수 있게 하자.

예를 들어, 3학년 1학기 수학 2단원 평면도형의 단원 지도 유의사항을 살펴보자. 단원 지도 유의사항 2번에는 개념의 지도 방법이 명

단원 지도 유의 사항

① 도형 개념을 이끌어 내기 위해 일상생활의 사물을 활용하지만 사물 그 자체가 도형이 아님을 주의해야 한다. 도형은 사물의 여러 특성 가운데 점, 선, 면과 같은 기본 요소가 추상화된 개념이다.

② 반직선과 직선을 유한한 종이에 그리기 어렵다는 것을 알게 하고 유한한 선분을 이용하여 반직선이나 직선을 표현하는 방법을 익히게 한다.

③ 각을 도형으로 인식하지 못하는 경우가 많다. 도형의 의미를 떠올리게 하고 각 역시 한 점에서 그은 두 반직선으로 이루어진 도형임을 알게 한다.

④ 직각삼각형을 직삼각형, 직사각형을 직각사각형이라는 식으로 두 용어를 혼동하는 경우가 종종 있다. 두 용어를 비교해 보게 하는 활동을 통하여 용어의 혼동을 줄여 줄 수 있다.

시되어 있다. 반직선과 직선을 표현하는 방법을 바로 제시하는 것이 아니라 공간이 유한한 칠판 혹은 종이에 표현하기 어려움을 보여준 뒤, 약속한 '선분을 이용하여 반직선이나 직선을 표현하는 방법'으로 개념을 지도하는 수업을 준비해야 한다.

단원 지도 유의사항 3번에서는 학생들이 각은 도형임을 인지하지 못하므로 이를 지도하는 방법이 구체적으로 적혀 있다. 이 역시 수업을 준비할 때 고려해야 할 점이다.

수업에 사용할 수 있는 용어나 자료의 범위를 알려주는 유의점도 있다. 다음은 국어 3학년 1학기 7단원 「반갑다, 국어사전」의 유의점이다.

지도의 유의점

- 이 단원에서는 학생 수준을 고려해 품사의 명칭이나 분류 기준을 다루지 않는다.
- 국어사전의 가치를 이해하고 학생이 일상생활에서 국어사전을 활용하는 습관을 지니게 하는 것이 중요하다.
- 어휘를 정확하게 아는 것이 중요하며 그 과정에서 국어사전을 활용하면 효과적임을 알게 한다.
- 매체의 발달로 책, 전자사전, 인터넷 사전 등 다양한 국어사전이 있음을 알고 효율적으로 활용하도록 지도하되, 학생들이 수업 활동에 활용하는 국어사전은 초등학생 수준에 맞는 종이책 사전을 준비해 활용할 수 있도록 한다.
- 「국어 활동」에서는 형태가 바뀌는 낱말의 기본형을 쓰고 국어사전에 싣는 차례대로 뜻을 찾아 정리할 수 있도록 지도한 뒤, 글 한 편을 읽으면서 국어사전을 직접 활용해 내용을 파악할 수 있도록 한다.

- 학생들이 국어사전을 활용하며 글을 읽는 활동을 수업뿐만 아니라 평소 독서 활동에서도 꾸준히 실천할 수 있도록 지도한다.
- 실천 학습에서 이루어지는 '나만의 국어사전 만들기' 활동에서 국어사전에 들어가는 내용 요소인 낱말, 낱말의 뜻은 반드시 포함하도록 지도하고, 형식적으로는 국어사전에 낱말을 싣는 차례를 따른다. 그 밖의 내용이나 형식은 자유롭게 하여 창의적인 나만의 국어사전을 만들어 보게 한다.

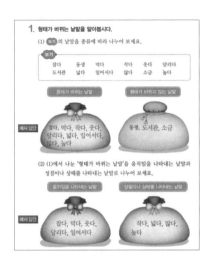

「반갑다, 국어사전」 단원을 지도할 때 용언과 체언, 동사나 형용사와 같은 명칭을 다루지 않아야 함이 유의점에 명시되어 있다. 또한 자료의 범위 역시 주어져 있으므로 수업의 준비 시 고려해야 한다. 다양한 국어사전을 경험하게 하는 것은 좋으나 본 수업활동에서는 초등학생 수준에 맞는 종이책을 준비하여 매 차시 단어를 찾아보는 경험을 하게 한다.

◈ 지도서에서 나만의 수업으로 만들기

지도서를 보고 단원의 목표와 차시 내용을 확인했다. 이제 나만의 교실 향기를 묻혀도 좋다. 선생님들이 하고 싶거나, 학생들이 학습 호기심을 자극해 활발히 참여할 수 있는 학습활동을 떠올려보자. 국어 3학년 1학기 1단원 「재미가 톡톡톡」으로 예를 들어본다. 해당 단원의 목표는 감각적 표현의 재미를 느끼며 작품을 읽는 것이다. 아래는 단

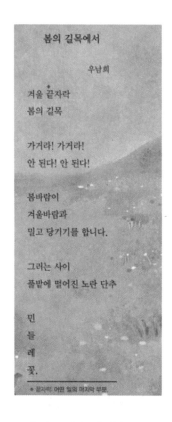

봄의 길목에서

우남희

겨울 끝자락
봄의 길목

가거라! 가거라!
안 된다! 안 된다!

봄바람이
겨울바람과
밀고 당기기를 합니다.

그러는 사이
풀밭에 떨어진 노란 단추

민
들
레
꽃,

* 글자료: 어떤 일의 마지막 부분

원도입의 시다.

학생들과 이야기를 나누는 것이 즐거운 선생님이면 '오늘 선생님이 학교에 오는데 날이 추운건지 따뜻한 건지 모르겠어. 그래도 봄이 오려나 봐. 민들레 꽃을 봤단다.'를 이야기하고, 시를 제시한다. 그리고 시의 어떤 표현이 재미있는지 질문할 수 있다.

연극이나 역할극에 관심이 있다면 봄바람 모둠과 겨울바람 모둠을 만들어 '가거라! 안 된다!' 부분을 실감나게 읽고, 서로 밀고 당기는 척을 해봐도 좋다. 교실에서 큰 소리를 내는 것만으로도 학생들은 즐거움을 느낄 것이다.

학생들에게 자연을 보여주고 싶거나, 야외활동을 좋아하는 선생님이라면 시를 다 읽고 감각적 표현을 느끼기 위해 학교 화단에 나가보는 것도 좋다. 교사가 '지금은 봄바람이랑 겨울바람 중에 누가 이기고 있는 것 같아?'를 질문하면 학생들이 초봄의 바람을 느끼고, 민들레꽃도 관찰하다 보면 감각적 표현의 즐거움을 몸으로 느낄 수 있다.

그림 그리기에 관심이 많다면 적절한 색감을 활용하여 봄바람과 겨울바람을 그리고, 서로 밀고 당기는 모습에 말풍선으로 '가거라! 안 된다!'를 그려도 재미있을 것이다.

학습활동을 준비할 때 가장 중요한 것은 학습 목표의 도달이다. 선생님과 학생들이 좋아하고 기발한 생각보다, 학습 목표에 적합한 활동인지를 꼭 고민해보아야 한다.

◈ 수업 전 준비물 확인하기

과학, 체육, 음악, 미술 교과는 수업 중 준비물이 많은 편이다. 학습 준비물은 수업 전에 반드시 확인해야 수업을 잘 진행할 수 있다. 특히, 소모품인 준비물들은 있는 줄 알았지만 사실 수업에 사용하기에 알맞지 않거나 개수가 부족할 수 있다. 수업 중 당황하지 않으려면 수업 전에 미리 확인해야 한다. 학생이 따로 준비물을 챙겨야 하는 수업이라면 일주일 정도 시간을 두고 가져오라고 안내하는 것이 도움이 된다.

◈ 학습 보조 자료 준비하기: 도움이 필요한 학생은 꼭 있다

수업에서 가분수를 대분수로 바꾸는 것을 배우기 위해서는 학생이 곱셈부터 정확히 할 수 있어야 한다. 학급에 3단 곱셈 구구조차 못 외우는 학생이 있다면 어떡해야 할까? 수업시간에는 곱셈 구구판을 주고 수업에 참여할 수 있게 하자.

수업의 목표는 성취기준의 달성이다. 하지만 선생님의 노력과 별개로 모든 학생의 성취 기준 도달은 쉽지 않은 일이다. 학습 결손이 누적되어 왔기 때문이다. 기존의 학습 결손 사항을 보충하는 과정도 필요하지만, 지금 학습하는 차시 목표에 도달하는 것도 중요하다. 그러지 않으면 이 차시 수업에서 배운 내용 역시 학습 결손으로 남을 테니 말이다.

학습을 어려워하는 학생들은 어떻게든 자신의 어려움을 숨기려 한다. 그러니 교사가 수업을 준비하는 과정에서 먼저 챙겨야 한다. 학습 보조 자료를 만들어 이전 학년의 개념을 보고 수업을 진행해보자. 이 방법을 사용할 때 교사가 '보조 자료는 누구나 활용할 수 있다.'는 분위기를 형성해줘야 한다. 그러면 학습에 어려움을 느끼는 학생들이 부끄러워하지 않고 자연스럽게 보조 자료를 보고 수업을 할 수 있다.

2장

수업 방법, 수업안 작성, 공개수업 한번에 끝내기

혹자들은 초등학교 수업은 쉽다고 한다. 이건 초등학교에서 교사로서 수업을 안 해본 사람들만 할 수 있는 말이다. 초등학교 현장에는 여타 기관에서의 수업이나 가르침에서는 볼 수 없는 특수성이 있다.

우선 교사가 한 가지 과목으로만 수업하지 않는다. 적게는 다섯, 많게는 열 두 과목이다. 그와 동시에 많은 학생들이 한 가지 활동이나 상황에 오랫동안 집중하기 어려워한다. 따라서 교사는 학생들이 여러 교과 내용에 몰입하여 배움을 가질 수 있도록 모든 수업을 유의미하면서도 다양한 활동으로 구성해야 한다.

그런데 교사가 좋은 수업을 만들고자 부단히 노력해도 '수업이 어렵다. 재미없다. 지루하다.' 혹은 '수업이 너무 쉽다.'라고 하며 힘들어하는 학생들이 꼭 있다. 열심히 노력했는데 그 노력이 상대방을 힘들게 했을 때 밀려오는 실망과 좌절을 겪어본 적이 있는가?

이 외에도 초등학교 수업과 관련한 수많은 특수성이 있다. 이 특징

들을 하나씩 차근차근 이해하고 적용하며 나만의 수업을 만들어보자. 여러분은 충분히 할 수 있다.

수업은 인내와 반복의 연속

● ● ●

"매일 하는 수업인데 준비할 것이 뭐가 있어?"라고 생각할 수 있지만, 매일 하는 것이니 그만큼 학생들에게 영향력이 크지 않을까?

효과적인 수업을 위해서는 반복적인 연습이 필요하다. 일반 수업에서 교사는 일반수업에서 학생들에게 꼭 배워야 하는 교과 지식, 학습 기능, 사회적 기능을 가르쳐야 한다. 40분은 긴 시간이 아니다. 그러므로 학생들이 수업에만 집중할 수 있도록, 수업의 전중 후에 해야 할 일을 스스로 하게끔 연습시키고 반복해 지도해야 한다.

학생들은 모든 것을 한 번에 배우지는 못한다. 특히 잘못된 행동은 쉬이 바뀌지 않는다. 매일 반복과 인내의 시간을 보내기는 쉽지 않다. 배울 내용이 많은데 어제 배운 내용도 기억하지 못하는 학생, 지우개로 장난치는 학생, 모둠활동 내내 친구와 다투는 학생. 지금 이 글을 읽으며 머릿속에 스쳐 지나가는 얼굴들이 있을 것이다. 포기하지 말고 하나씩 해보자. 천 리 길도 한 걸음부터니까.

◈ 수업의 루틴(routine) 만들기

40분은 길지만 짧은 시간이다. 우리가 가르칠 내용만 담기에도 부족한 시간이므로 수업 중의 루틴(routine)은 꼭 필요하다. 수업 전 해

수업 전

쉬는 시간에 화장실 미리 다녀오기

책상 위에 교과서, 보조 교과서, 필기구 올려두기

수업 중

도입: 수업 시작 시 공부할 내용 함께 읽기

전개: 발표 약속 지키기

모둠활동 방법(모둠 만들기, 모둠 내 역할 등)

활동이 어려울 때 도움을 요청하는 약속된 방법(수신호, 교탁 앞에 줄서기 등)

활동을 먼저 끝냈을 때 하는 약속된 활동(또래 선생님, 독서하기 등)

정리 및 평가: 차시 수업에서 배운 내용 스스로 정리하기

차시 수업 또는 단원에서 배운 내용을 이해하고 있는지 평가하기

수업 후: 다음 수업을 준비하고 화장실 다녀오기

야 하는 일부터 수업의 마지막까지 선생님과 학생이 미리 약속한 루틴대로 흘러가야 한다.

◈ 도입: 오늘 공부할 내용(학습 목표) 알려주기

도입 단계는 수업에 관련된 영상이나 일상의 사례 등으로 동기를 유발하는 시간으로 여겨진다. 동기유발은 학생들이 수업에 호기심을

느끼고 적극적으로 학습할 수 있게 도와주므로 중요한 활동이다.

하지만 많은 선생님이 도입 단계에서 놓치게 되는 것이 학습 목표의 안내이다. 예상외로 학생들은 오늘 무엇을 배울지 잘 모르는 경우가 많다. 교사가 수업을 준비했기 때문에 그 내용을 알려주기 전에는 모르는 것이 당연하다. 공부할 내용이 무엇인지 모르고 배우면 목적지 없이 무작정 걸어가는 것과 같다. 학생들이 수업 과정에서 무엇을 배워야 하는지 헷갈리지 않게 학습 목표를 명확하게 알려주자. 교사가 학습 목표를 적어도 좋고, 교과서의 학습 목표를 찾아 읽어 보게 해도 좋다. 실제로 내가 가르친 2학년 학생들은 교과서 맨 위에 큰 글씨로 적힌 부분이 공부할 내용이라는 것도 몰랐다. 학생들이 그 부분이 공부할 내용이라는 것을 배운 적이 없었기 때문이다.

◆ 전개: 수업활동 중 학생 관찰하기

수업 중 선생님들은 교실을 돌아다니며 학생을 관찰한다. 학생들에게 가까이 다가가 학생의 활동을 면밀하게 살피기 위함이다. 이 과정에서 선생님은 학생들이 활동 중 겪고 있는 어려움이 무엇인지 그 원인을 파악해야 한다. 학생들이 활동에 어려움을 겪는 원인은 다양하다. 선수학습에 대한 이해가 부족하여 활동을 해결하지 못하는 경우, 활동 방법을 이해하지 못한 경우, 차시 학습에 대한 흥미가 부족한 경우 등이다. 선생님은 각각의 원인에 알맞은 피드백을 구체적으로 제공해야 한다.

그리고 활동을 먼저 끝낸 학생들에 대한 피드백도 필요하다. 독서나 그림 그리기 등 혼자 조용히 할 수 있는 활동을 이어서 하거나, 또래 선생님이 되어 어려움을 겪는 학생들을 도와주는 역할을 할 수도 있다. 교사가 직접 학생에게 사고력을 향상시키는 추가 활동(문제 만들기, 다른 정답 찾아보기, 추가 문제 제시 등)을 제시할 수도 있다. 다양한 방법이 존재하니 선생님의 수업에 알맞은 방법을 쓰면 된다.

다만 학습에 심한 어려움을 겪는 학생은 복합적인 요소로 활동을 어려워하므로, 또래 선생님의 도움이 효과적이지 않다. 이 경우에는 해당 학생을 교사가 직접 제시하는 피드백의 우선순위에 두고 좀 더 주의를 기울이며 살펴봐야 한다.

◈ 정리: 차시 수업에서 배운 내용 스스로 정리하기

보통 수업의 마무리에 "오늘은 무엇을 배웠나요?"라는 질문이나 간단한 퀴즈 등의 평가로 수업을 마무리하게 된다. 수업의 마무리 활동은 선생님의 판단에 따라 다양한 방법으로 해도 좋다. 하지만 학생들이 오늘 배운 내용이 무엇인지 스스로 되돌아보고 정리할 시간은 꼭 필요하다. 수업 마지막에 2~3분 정도는 글이나 말 등으로 스스로 배운 내용을 정리할 시간을 주자. 학생들은 그 내용을 오늘의 수업에서 처음 배웠다는 사실을 잊으면 안 된다.

◈ 평가: 차시 수업 또는 단원에서 배운 내용을 이해하고 있는지 평가하기

평가는 배움이 일어났는지 확인하는 활동이다. 학습 내용에 따라 차시 수업마다 평가가 필요하기도 하고, 단원 전반의 내용을 정리하는 평가가 필요할 때도 있다. 교육과정을 계획하며 미리 세운 평가 계획에 따라 효과적인 평가 방법을 사용하여 성취 기준 도달을 확인한다.

하지만 평가보다 중요한 것은 평가 이후의 피드백이다. 학생의 오개념 또는 개념의 빈 부분을 확인했다면 이를 보충하기 위한 활동도 필요하다. 보충 자료가 되어도 좋고, 교사의 구두 설명으로 충분한 경우도 있다. 교사의 지도만으로 부족하다면 가정에 도움을 요청하는 방법도 좋다.

공개수업은 일반 수업의 연속

● ● ●

한때 학교 현장 속 공개수업의 키워드는 극대화였다. 교사는 본인의 재능을 극대화해서, 다양한 교수학습 자료와 화려한 수업 도구로 참관인의 호기심을 이끌었다. 또 학생들도 평소와 다른 자세, 발표 태도, 목소리 크기, 집중도로 수업에 임했다. 그뿐인가. 공개수업 몇 주 전부터 교실 환경도 계절이나 수업 주제에 맞춰 다시 정비했다.

자신의 능력치를 극대화하여 수업을 해보는 것은 분명 좋은 경험이었다. 하지만 모든 수업을 그렇게 하는 것은 현실적으로 불가능했다. 또한 정작 중요하게 고려되어야 할 교과와 차시의 특성, 수업 목표는 뒷전에 두고 독창적인 학습 자료나 생경한 수업 도구처럼 보이는 것에 더욱 집중하는 우를 범하는 경우도 종종 있었다.

그래서인지 요즘은 공개수업을 일반 수업과 크게 다르지 않다는 생각으로 준비한다. 다만 일반 수업에 비해 공개수업을 준비할 때는 동료 선생님들과 함께 조금 더 고민하는 과정이 더해진다. 동기유발 자료에 대해 함께 고민하기도 하고, 교과서 활동을 조금 더 학생 중심으로 바꾸어 보기도 하고, 활동 중 적절한 교사의 역할이 무엇인지 함께 협의하기도 한다.

공개수업이라고 해서 너무 부담가질 필요가 없다. 이미 교사는 매일같이 하는 일반 수업에서도 공개수업과 같이 수업의 흐름, 판서, 발문 등을 신중하게 고민하고 있기 때문이다.

공개수업의 일반적인 과정을 살펴보면 다음과 같다.

개인별 수업 공개일 및 교과 및 차시선정 제출 → 수업 공개일 결정 → 교수학습 과정안 초안 작성 → 사전 수업 협의회 → 초안 수정 → 교수학습 과정안(수업안) 완성 → 결재 승인 → 수업 공개 → 사후 수업 협의회

학교에서 진행되는 공개수업은 수업 공개 교사가 교과와 차시, 수업 공개일을 결정하고 수업안 초안을 작성한다. 작성한 초안으로 동학년 선생님과 함께 사전 수업 협의회를 실시한다. 협의 후 수업안을 수정하고 결재(부장→교감→교장)를 받아 수업안을 완성한다.

수업 당일, 수업자는 등록부와 수업안, 참관록을 교실에 비치해두고, 정해진 시간에 수업을 공개한다. 수업 공개 후에는 참관자들과 수업에 대해 협의를 하며 협의록을 작성한다. 협의회 후엔 참관록을 걷어 수업안, 등록부, 참관록, 협의록을 잘 모아둔다.

◆ 공개수업 교과 및 차시 선정하기

공개수업의 목적은 수업 차시를 동료 선생님들과 함께 연구하며 수업의 질을 향상시키는 것이다. 그래서 공개수업 차시를 선정하는 데 가장 좋은 방법은 본인이 연구하고 싶은 교과나 차시를 선정하는 것이다. 아니면 단원에서 가장 중심이 되는 차시를 선정하는 것이 좋다. 그러면 해당 교과에 대해 깊게 이해할 수 있고, 적합한 학생 중심 활동을 구상할 수 있다.

예를 들어 수학 4학년 1학기 5단원 막대그래프 단원에서 차시를 선정하자면, 막대그래프를 그려보는 방법을 알아보는 것보다 막대그래프를 그리는 차시를 선정하여 동기유발에서 막대 그래프 그리는 방법을 상기하고 수업활동으로 아이들이 직접 조사해 막대그래프를 그린 뒤 결과를 발표하는 것이 수업 연구에 더 적합하다.

한편 적합하지 않은 차시도 있는데 단원의 도입이나 정리 차시가 대표적이다. 차시 특성상 차시 목표와 직결되지 않는 도입, 정리와 관련된 활동을 해야 하기 때문이다. 또한 자료가 너무 많은 차시도 유의해야한다. 교사는 자료 준비를 꼼꼼하게 해야 하고 학생들은 자료보다 학습활동, 학습 목표에 더 집중해야하는 어려움이 있기 때문이다.

차시 선정과 함께 정해야 하는 것이 수업공개일이다. 학사일정을 고려하여 학교 행사와 겹치지 않게, 동학년이 있다면 겹치지 않게 잡아야하는 것이 일순위이다. 다음으로는 내가 원하는 공개하고자 하는 차시의 날짜를 어림하여 수업공개일로 고르면 된다.

수업을 언제 공개해야 하는지 고민이 많이 된다. 이것은 선생님들의 취향에 맡기겠다. 학기 말로 갈수록 해야 할 일이 늘어나기에 상대적으로 여유로운 학기 초에 수업을 공개할 수 있다. 어느 정도 학급 규칙이 정해지고 난 뒤가 편하다고 생각하면 학기 중간에 수업을 공개하는 것이 좋다. 학생들의 실태를 최대한 파악한 후 수업을 공개하고 싶다면 학기 후반을 추천한다.

◆ 수업안(○○과 교수학습과정안) 양식 살펴보기

공개수업을 어렵게 하는 것 중 하나가 교수학습과정안 작성이다. 도대체 무슨 말을 어떻게 적어야 할지 모르겠기 때문이다. 수업안을 어렵게 생각하지 않아도 된다. 여행을 가기 전 계획을 세우는 것처럼, 수업을 하기 전 내가 계획한 수업 과정을 자세하게 말로 풀어 적는 것이다. 학교마다 양식과 작성해야 하는 내용에는 조금씩 차이가 있지만, 수업안은 크게 약안과 세안으로 나눌 수 있다.

약안(을안) 살펴보기

약안은 수업의 과정만을 서술한 교수학습과정안이다. 단원과 차시, 주제 등을 간략하게 기술하고, 수업의 교수학습과 평가, 판서계획을 작성하면 된다.

○○과 교수·학습 과정안

OO초등학교 교사 OOO

단원(차시)	6. 함께 살아가는 지구촌(1/4)	대상(장소)	4학년 2반(4-2)
주제	지구촌 문제 해결에 필요한 마음가짐 알기	교과서	112~113(圖117~118)
핵심개념	인류애	교과핵심역량	도덕적 정서 능력, 도덕적 사고 능력
교수자료	동영상(하얀 헬멧의 눈물), 자료종류(자료명)	학습자료	활동지(편지쓰기)

수업 방향	
예습적 과제	없을 시 해당 칸 삭제함.

단계	학습요소	교수·학습 및 평가 활동	자료圈 및 유의點畵 평가圈
도입 (5′)	제시자료로 질문 만들기	■공부할 내용 이야기하기 ㅇ '지구촌 문제' 관련 자료로 질문을 만들고 말한다. -(학생 응답 두 가지) ~입니다. ~해야 합니다.)	圈 ⑧
	학습문제 정하기	■학습문제 정하기 **지구촌 문제 해결**을 위해 어떤 **마음가짐**이 필요할까?	
	해결과제 정하기	■해결과제 정하기 [과제1] 내가 인물이 된다면? [과제2] 인물에게 편지 쓰기	
전개 (30′)	도덕적 상상하기	■내가 주인공이라면 어떻게 할지 상상하기 ㅇ동영상을 보고 주인공의 상황을 말한다. - ㅇ동영상을 보고 주인공의 상황을 말한다. -	圈동영상(하얀 헬멧의 눈물) ⑧
	공유된 감정 표현하기	■주인공에게 편지 쓰기 ㅇ주인공에 궁금한 점을 이야기한다. ㅇ주인공에게 보내는 편지를 쓴다. ㅇ주인공에게 보내는 편지를 발표한다. -	圈활동지(편지쓰기) ⑧주인공들의 행동을 살펴 보는 것이 아닌 주인공들이 어떤 마음을 가지고 노력했 는지를 생각하며 쓰게 한다.
		성취기준 도달	지구촌 이웃을 돕는데 필요한 마음가짐을 설명하는가?(관찰·교사)	圈
		피드백	상	'지혜의 생태(인류애를 실천하는 이야기)'를 읽고 배워야 할 점을 찾게 한다.
			중	~하게 한다.
			하	지구촌 문제를 해결하기 위해 노력하는 사람의 입장에서 다시 생각하게 한다.

| 정리
(5') | 학습문제로
배움
정리하기 | ■ 학습문제로 배움 정리하기
○ 학습문제를 다 함께 읽어본다.
-지구촌 문제 해결을 위해 어떤 마음가짐이 필요할까? 입니다.
○ 지구촌 문제 해결을 위해 어떤 마음가짐이 필요한지 말한다.
-인류애, 존중입니다.
-배려, 용기입니다.
■ 핵심낱말로 한 문장 만들기
○ 배운 내용에서 핵심으로 생각하는 낱말을 찾아 말한다.
-인류애입니다.
○ 핵심낱말로 오늘 배운 내용을 한 문장으로 정리해봅시다.
-[인류애] 지구촌 문제를 해결하기 위해 인류애의 마음가짐이 필요합니다.
○ 제시자료를 보고 질문을 만들어 오게 안내한다. | ※핵심낱말로 배운 내용을
확인하게 한다. |
| | 차시예고 | | |

영역		평가내용			
사회 공동체 와의 관계	성취기준	[6도03-04] -한다.		평가시기	공유된 감정 표현하기
				평가자	자기평가, 동료평가, 교사
	평가기준	상		평가방법	
		중			
		하			

6. 함께 살아가는 지구촌

[학습문제]

지구촌 문제 해결을 위해 어떤 **마음가짐**이 필요할까?

[핵심낱말] 인류애

[한문장]

• 인류애와 존중의 마음가짐을 가지고 지구촌 문제 해결하기

•

[해결과제]

[과제1] 내가 인물이 된다면?
[과제2] 인물에게 편지쓰기
[과제3]

【참고문헌】

교육부(2019). 초등학교 5~6학년군 도덕 6. 서울: (주)두산.

_____. 초등학교 5~6학년군 도덕 6 교사용 지도서. 서울: (주)두산.

김차차(2019). 국내도서책명은고딕체. 목포: 출판사명.

Bachach, A. J. (1996). **Psychological Reserch**: An Introduction (2nd ed). New York: Random House.

Rubin, Z.(2015). **역서의 경우**. 김차차 역. 목포: 출판사명.

세안(갑안) 살펴보기

세안은 글자 그대로 자세하게 쓴 교수학습과정안이다. 수업을 계획하기 위해 고려한 모든 요소들과 선생님의 의도를 과정안에 담아 참관하는 사람들에게 전달한다고 생각하면 편하다. 세안은 단원명, 단원의 개관, 단원의 목표와 성취기준, 단원의 계열, 단원 평가계획으로 시작하여 학급 실태와 수업자 의도를 기술하고, 본 수업의 교수학습과 차시 평가, 판서계획을 작성한다.

일시	2021.10.2.(수), 6교시	장소		4-2	대상	4학년 2반(25명)
단원명	6. 함께 살아가는 지구촌				교과 핵심역량	도덕적 정서 능력, 도덕적 사고 능력
주제	지구촌 문제 해결에 필요한 마음가짐 알기		차시	1/4	교과서 쪽수	112~113(@117~118)
핵심개념	인류애					
교수자료	동영상(하얀 헬멧의 눈물), 자료종류(자료명)		학습자료		활동지(편지쓰기)	
예습적 과제	없을 시 해당 칸 삭제함.					

1. 단원 목표
~할 수 있다.

2. 단원 핵심역량(※단원 전체 핵심역량을 적고 본차시 해당하는 내용은 진하게 표시-작성 후 삭제)
가.
나.

3. 단원 성취기준(※단원 전체 성취기준을 적고 본차시 해당하는 내용은 진하게 표시-작성 후 삭제)
가.
나.

4. 계열

선수 학습	본 학습	후속 학습
4-6. 함께 꿈꾸는 무지개 세상	6-6. 함께 살아가는 지구촌	중학교
•영역 사회공동체와의 관계 •내용요소 나와 다르다고 차별해도 될까?(공정성, 존중)	•영역 사회공동체와의 관계 •내용요소 전 세계 사람들과 어떻게 살아갈까?(존중, 인류애)	•영역 사회공동체와의 관계 •내용요소 세계 시민으로서 도덕적 과제는 무엇인가?(세계 시민 윤리)

5. 지도 계획

성취기준	차시	차시별 학습주제	과정중심평가
[6503-04] 세계화 시대에 다양한 지구촌 문제들은 무엇이며, 그 원인을 토론을 통해 알아보고, 이를 해결하고자 하는 의지를 가지고 실천한다.	1/4		~하기
	2/4	-본차시 음영 처리(하양 15%)	~하기
	3/4		~하기
	4/4		~하기

6. 지도상의 유의점(※단원 전체 유의점을 적고 본차시 해당하는 내용은 진하게 표시-작성 후 삭제)

가.

나.

7. 수업 방향 및 고민

지구촌 문제를 멀리 떨어진 남의 나라 이야기가 아니라 나의 문제로 인식하고 해결하기 위한 실천 방법을 익히고 생활 속에서 꾸준히 실천하는 것이 중요하다. 이를 위해 '공감 교육)'으로 지구촌 문제에 대해 인지적 역량뿐만 아니라 정서적 측면을 강조하여 지구촌 문제와 관련된 사람들의 입장에서 공감하고 더 나아가 해결하고자 하는 실천 동기를 갖게 한다. 이는 지구촌 문제 해결에 참여하고 생활 속에서 존중과 인류애를 실천하는 세계 민주시민 정신을 함양하게 한다.

> **고민**
>
> 공감교육은 다른 사람의 상황을 이해하고 그 사람의 생각이나 느낌을 짐작하는 것이다. 따라서 상황적, 언어적, 비언적 단어를 찾아 다른 사람의 사고나 감정을 이해해야 한다. 하지만 학생들의 자신의 감정에 빗대어 다른 사람의 감정을 주관적으로 이해한다. **학생들이 단서를 찾아 근거를 가지고 공감하기 위해서 어떻게 교사가 발문해야 할까?**

이후 내용은 약안과 동일

수업안 외 기타 양식 살펴보기

공개수업은 교수학습과정안 외에도 선생님이 스스로 챙겨야 할 자료가 꽤 많다. 보통 학기 초에 수업공개일과 교과, 차시를 수합한 업무담당자가 수업 공개 계획을 안내한다. 그 안에 공개수업에 대한 구체적인 방법이 적혀 있다. 수업안, 등록부, 참관록, 협의록 양식이 들어 있을 것이다. 선생님이 가지고 있는 양식이 정확한지, 학교특색교육 등 수업안에 꼭 반영해야 하는 내용이 있는지 등 파일을 자세히

수업 공개 계획

등록부

참관록

협의록

살펴보는 것이 중요하다.

◆ 수업의 방향 결정하기 : 교육과정 흐름 파악하기

차시를 선정하고 나면 공개할 수업의 방향을 먼저 정해야 한다. 일반 수업 부분에서 이미 언급했듯이 수업의 방향을 구상할 때엔 단원의 목표와 역량을 먼저 고려하고, 이후 우리 반 학생들의 실태, 내가 하고 싶은 수업활동 등 우리 반의 개성을 녹이면 된다.

신규 선생님들에게 꼭 하고 싶은 이야기는 수업안 작성을 할 땐 반드시 지도서를 숙지하라는 것이다. 학급 학생 실태, 교사 기호에 따라 수업활동을 완전히 바꿀 수 있지만 자칫하면 교육과정 흐름에 적합하지 않은 활동으로 수업을 진행할 수 있다. 성취 기준, 단원의 개관, 전시-후속학습, 평가 등 교육과정의 흐름을 파악하고 있어야만 학습 목표에 적합한 활동을 구상할 수 있다.

◆ 수업 중 활동 선정하기 : 학생들이 당황하지 않게 익숙한 활동으로

공개수업을 할 때 구상한 활동이 학생들에게 낯선 활동일 경우, 학생들이 당황할 수 있다. 배우는 학습 내용도 새로운 것인데 학습활동 방법도 새롭고, 교실에 낯선 사람들이 나를 보고 있는 것도 새롭다. 잘못하면 학생들이 충분히 도달할 수 있는 학습 목표인데도 성취하지 못할 수 있다. 그래서 공개수업을 할 때는 학생들에게 이미 익숙한 활동 방법으로 학습 내용을 배우게끔 하는 것이 좋다.

만약 공개수업 때 하려는 활동이 새로운 활동이라면, 다른 교과 수업에서 같은 활동을 미리 연습해 익숙하게 하면 된다. 해당 활동을 적용하기 적합한 학습 내용을 다른 교과와 차시에서 찾아 공개수업 전 미리 적용하는 것이다.

<공개수업활동을 미리 해보기 좋은 차시 찾기 연습>

내가 공개할 차시 및 활동		
국어 4학년 1학기 3단원 느낌을 살려 말해요. 적절한 표정, 몸짓, 말투로 말하기 학습활동: 역할극	학습 활동을 적용할 수 있는 차시를 찾아보자 ⇒	음악 4학년 1학기 1단원 10-11차시 아름답게 연주하기 도덕 4학년 1학기 2단원 2차시 일상생활에서 예절을 지켜요. 과학 4학년 1학기 3단원 10-11차시 식물의 한 살이로 노래 부르기 사회 4학년 1학기 1단원 11차시 지역의 다양한 중심지 알아보기

다른 교과의 진도를 살피며 공개수업 때 할 학습활동인 역할극이 적용 가능한 차시를 찾아보자. 음악이나 미술은 작가가 되어 역할극을 꾸밀 수 있다. 도덕 교과의 경우 1차시에서 배운 내용을 2차시에 역할극으로 적용해보며 역할극의 방법을 익히기에 적합하다. 과학이나 사회는 개념학습의 내용이 많은 교과의 경우, 단원을 정리하는 차시에 교과서에 제시된 정리활동 대신 역할극을 해볼 수도 있을 것이다.

구체적으로 함께 적용하기 좋은 차시를 찾아본 이유는 학생들의 활동이 미숙할까봐 역할극의 내용만 다르게 하여 해당 차시를 미리 수업해보는 오류를 범할 수 있기 때문이다. 공개수업에서 주의해야 할 것은 활동 방법을 익힌다고 학습 내용까지 공개수업과 같으면 안 된다! 우리가 해야 하는 것은 수업 재연이 아니라 수업 공개다.

◈ 초안 작성 후 함께 점검하기 : 수업 사전 협의회는 필요

요즘은 사후 협의회보다 사전수업 협의회를 중시하는 학교가 많아지는 추세다. 수업자가 수업한 결과에 대해 이야기하는 사후 협의회보다 같은 학년 교사들을 중심으로 수업의 방향, 수업의 자료, 발문 성취기준의 적용 등을 함께 고민하고 연구를 하는 것이 유의미하다고 생각하는 것이다. 사전수업 협의회에서는 성취기준, 단원 및 차시의 목표를 함께 파악하고, 수업자 의도를 나눈다. 그리고 해당 차시에서 해볼 만한 학습활동에 대해 공동연구를 한다. 학습활동이 너무 많지는 않은지, 학년 수준에 적합한 학습활동인지, 수업자 의도에 더 적합한 학습활동은 없는지 그간 경험을 바탕으로 동료 선생님들이 다양한 학습활동을 추천한다. 수업자는 협의회에서 나눈 다양한 수업활동 중 수업자 의도에 적합한 활동을 골라 수업안을 작성하면 된다.

◈ 수업 시나리오 작성하기

수업 시나리오는 수업 전체 흐름을 수업안보다 구체적으로 작성하여 돌발적인 상황에 대비할 수 있게 교사를 돕는다. 수업 시나리오에는 수업안에 작성한 발문을 구어로 바꾸어 작성하고 즉흥적인 학생 응답을 예상하여 보조 발문도 적는다. 또한 학생들의 응답 중 어떤 것을 칠판에 판서하여 학습 내용을 이끌지, 언제 어떤 자료를 어떻게 도입할지, 필요시에 이 자료를 어디로 어떻게 옮길지 서술해도 좋다.

준비물: 긴 속각보드판 3개/ 곱셈구구 식&사진자료 ppt/ 포스트잇 큰 거
수업 전 미리 준비할 것: 진한 싸인펜이나 네임펜
활동 전 안내할 사항: 속각보드에 크게 적게 지도하기

도입 5분	저번 수학시간에 무엇을 배웠나요? - 곱셈표를 만들어보았습니다. 교재서 속 교실 사진을 봅시다. 무엇이 보이나요?(알아서 전체 대답) - 책상이요. 사물함이요. 오늘의 문제는 교실 속 물건의 개수를 알아내는 것입니다. 물건의 개수를 세는 쉽고 편한 방법이 없을까요?(2명 발표 – 판서) - 하나씩 셉니다. 곱셈구구로 셉니다. 발표한 방법 중 어떤 방법이 물건을 가장 쉽게 셀 수 있을까요? - 곱셈구구입니다. 오늘 공부할 문제를 함께 읽어봅시다. (곱셈구구를 이용하여 문제를 해결해봅시다.준비물: 속각보드판(곱셈구구) 두가지 활동을 해봅시다. 활동1 찾아보자 (곱셈구구) 활동2 몇 개일까? (곱셈구구로) 준비물: 속각보드판(곱셈구구)
전개 30분	(활동 1에 자석을 붙이며) 그림 교실을 살펴봅시다. (화면 가리키기) (10분) 어떤 물건을 곱셈구구로 세어보면 좋을까요? - 책상입니다. 왜냐하면 4개씩 6모둠 있기 때문입니다. - 우유입니다. 5개씩 4줄 있기 때문입니다. 화면에 여러 가지 곱셈구구가 보이지요? 이 곱셈구구를 보고 교실 속 물건을 곱셈 구구로 나타내봅시다. 예를 들어 책상을 4개씩 6모둠이니? (손으로 묶으면서) - (4X6)입니다. 교실 속 물건을 보며 곱셈구구로 나타내봅시다.(1분 정도 생각할 시간 주고/ 미리 찾은 아이들이 소리내어 말하지 않게 약속하기) 이용하는 곱셈식을 말해봅시다.(전체 판서→ppt) – 발표시키기 찾아낸 곱셈구구를 이용해 물건의 개수를 세봅시다. (손으로 가로 세로 프린트해주며) 창문의 개수는 얼마인가요? 2X3은 6입니다. 장식장의 개수는 얼마인가요? 6X4는 24입니다. 4X6은 24입니다. (전체 물건의 개수 다 세고 나서)
	(활동2에 자석을 붙이며) 이번에는 우리 교실 속 물건을 곱셈구구로 세봅시다. 우리 교실에서 곱셈구구를 이용하면 쉽게 개수를 셀 수 있는 물건이 있나요?(4~5명 발표)(5분) (아이들이 찾으면 펠스티커 붙여주기) - 복도 쪽 창문입니다. 2칸씩 2줄입니다. - 달력입니다. 3개씩 4줄로 되어있습니다. - 화분입니다. 3개씩 2줄로 되어있습니다. - 가을바구니입니다. 3개씩 7묶음으로 되어있습니다. - 운동장용 창문입니다. 4개씩 3개입니다. - 장식장입니다. 6개씩 3줄입니다. - 가을 게시판입니다. 2개씩 2줄입니다. 우리 교실 속 물건을 곱셈구구로 세봅시다. 일단은 곱셈구구를 적어 포스트잇에 적고 표현할 물건에 붙여봅시다.(10분)- 크게적게/ 네임펜으로 내가 곱셈구구로 센 물건의 수를 발표해봅시다.(5분) – 아니면 돌아다니면서 친구 생각 보기(시간 복사) 오늘 공부할 문제를 다시 읽어봅시다. - 곱셈구구를 이용하여 문제를 해결해볼까요?입니다.
정리	오늘 어떤 공부를 했는지 발표해봅시다. - 곱셈구구를 이용해 물건의 개수를 세어봤습니다. 배운 내용에서 가장 중요한 낱말은 무엇인가요? - 곱셈구구입니다. 오늘 배운 내용을 가장 중요한 낱말을 이용해서 한 문장으로 정리해봅시다. - 곱셈구구를 이용하면 물건의 수를 편하게 셀 수 있습니다.

수업 시나리오

◈ 수업 공개하기

교사도 긴장되지만 학생들 역시 긴장하긴 마찬가지이다. 공개수업차시 이전에 아이들의 긴장을 풀어줄 수 있는 수업을 사전에 배치하는 방법이나 공개수업을 시작하며 신나는 노래를 불러보는 방법 등으로 학생들의 긴장을 풀어주자. 아니면 교사가 자신도 긴장하고 있다는 것을 있는 그대로 학생들에게 말하자. 그 순간 학생들은 교사에게 동질감을 느끼며 마음이 편안해질 수도 있다.

앞서 수업은 일반 수업이든 공개수업이든 그 본질이 같다고 언급했다. 이 사실을 잊지 말고, 평소 수업시간처럼 편안한 마음으로 공개하는 순간을 즐기자.

◈ 사후 수업 협의회 참여하기

수업 협의회는 수업자를 향한 격려 박수로 시작한다. 박수를 받은

수업자는 수업의 의도를 발표하고 참관인들에게 질문 및 소감을 듣는다. 이후 지도 조언으로 협의회는 마무리된다.

만약 나의 의도와 다르게 수업이 흘러간 부분이 있으면 수업자 의도를 이야기할 때 원래 수업의 의도는 무엇이었는지, 수업 중 수업자 의도와 다르게 흘러가버린 이유는 무엇인 것 같은지를 이야기하면 된다. 그리고 참관한 동료 선생님들이 소감을 들 때, 덧붙이고 싶은 말이 있다면 해도 좋다. 참관자 의견에 가볍게 공감의 말을 덧붙여도, 나의 의도와 달랐다면 나의 의도를 덧붙여도 된다.

평소 학습지도가 어려운 학생의 지도 방법에 대해 선배 선생님들에게 질문해도 좋다. 학습활동이 부족하거나 부적절했다면 차시에 더 적합한 학습방법이 무엇이었는지 질문하면 된다. 간혹 나의 의도와 다른 지도 조언을 듣더라도 상처받을 필요는 없다. 사람마다 보는 눈이 다르니 수업은 완벽할 수 없다. 내가 흡수할 수 있는 조언을 골라 받아 나를 위한 양분으로 삼으면 된다.

학부모 공개수업을 대하는 자세

학부모 공개수업은 교육 공동체인 학부모님과 수업을 공유하며 학생들의 성장을 돕기 위한 수업이다. 학부모들은 학습 목표와 내용 및 활동, 교사의 발문, 학생들의 기본학습훈련보다 교실 속 내 아이의 모습을 보고 싶어한다. 우리 아이가 선생님의 이야기에 잘 집중하는지, 발표를 적절한 목소리로 자주 하려고 하는지, 모둠활동 시 친구들과 잘 지내는지, 교실에서 행복한지를 궁금해 한다.

학부모 공개수업은 학생들의 다양한 활동을 보여줄 수 있는 수업

국어 3. 말의 재미를 찾아서(5~6/10) (말의 재미를 느끼며 수수께끼 말놀이하기)			
동기유발 및 공부할 내용 인지	활동 1	활동 2	정리
동기유발 영상 공부할 내용 인지	수수께끼 만들기 활동 연습하기	수수께끼 만들고 서로 묻고 답하기	배운 내용 정리하기
개인 발표	모둠 활동	모둠발표 + 개인발표	개인 발표

을 계획하는 것이 좋다. 학생의 다양한 학급 내 모습을 학부모에게 공유할 수 있도록 개인 발표와 학생 간 상호작용을 보일 수 있는 모둠활동으로 모두 들어 있는 수업으로 구성해보자. 학습 주제가 부모님 혹은 가족과 관련 있는 차시를 찾아도 좋고, 재구성하여 학습 내용을 가족과 관련지어도 재미있는 수업이 될 수 있다.

학부모들은 수업의 전문가가 아니다. 그래서 수업의 흐름이나 활동의 구성보다는 내 아이에게 집중해 수업을 관찰하게 된다. 그러다 보니 수업 중 발표를 시켜주지 않았다거나 모둠활동 중 학생이 소외되는 것 같다는 등의 사소한 오해가 생기기도 한다.

그러니 수업 전 미리 교사의 수업 의도와 수업의 흐름, 수업을 보는 관점을 제시해드리자. 수업 중 활동이 개별활동인지 모둠활동인지, 활동 중 관찰해야 하는 아이의 행동이 무엇인지 자세히 알려드리면 오해가 줄어든다. 교사의 준비가 교육공동체 안의 긍정적 피드백을 돕는다.

0학년 0반 00과 수업을 소개합니다

먼저 바쁘신 와중에 학부모 대상 공개수업에 참여해 주셔서 감사 인사드립니다. 오늘 공개수업은 학교에서의 자녀들의 모습을 참관하여 교육적 이해를 돕고 더불어 9월부터 11월까지 실시되는 교사들의 교원능력개발평가 학부모 만족도 조사에 도움을 드리고자 합니다. 수업을 보시고 뒷장의 참관록을 작성하여 주시면 학부모님들의 의견을 참고하여 자녀들의 교육에 많은 도움이 되게 하겠습니다. 참관록은 가실 때 교실 뒤쪽 바구니에 넣어주시기 바랍니다.

일시		장소		담임교사	○○○
단원		주제		~하기	

1 오늘 수업은

이번 시간은 **'말의 재미를 느끼며 수수께끼 말놀이하기'** 연속차시 중 **첫 번째 차시**입니다. 해당 단원은 재민이와 낭이가 용용이가 내는 문제를 해결하며 세 마을을 통과하는 이야기 형식으로 전개됩니다. 이전 학습에서 학생들은 흉내 내는 말을 사용해 짧은 글짓기를 하며 첫 번째 마을을 통과하였습니다.

학생들의 학습 동기 유발을 위해 용용이의 두 번째 미션을 영상으로 제시합니다. 이어 교사가 준비한 수수께끼를 해결하며 학생들이 어려워하는 특징(모양, 색깔, 하는 일 등)을 미리 학습해 수수께끼 만들기 활동을 준비합니다. 이후 교과서의 예시를 살피며 수수께끼 만드는 방법을 익히고 직접 수수께끼를 만드는 활동을 하며 말의 재미를 느낍니다.

2 수업, 이렇게 보아주세요.

이 수업에서는 **학생들이 수수께끼를 직접 만들고 놀이하며 말의 재미를 느끼기** 위해 구성되었습니다. 말의 재미를 느끼는 것은 학생들에게 **읽고 쓰는** 활동에 긍정적인 영향을 미칩니다. 학생들은 익숙하게 말하던 것에서 **이름, 특징, 서로 다른 점**을 떠올리고 자신만의 수수께끼를 만듭니다. 이 과정에서 학습자는 **창의적 사고역량과 언어에 대한 긍정적 인식**을 기르게 됩니다.

선생님이 어떻게 수업하는지도 중요하지만, 학생들이 어떻게 수업에 참여하고 활동하고 있는지 유심히 살펴보시기 바랍니다. 본 수업에서는 학생들이 수수께끼 만들기 활동을 각자의 속도로 해결하고 있습니다. 과제해결속도보다는 **과제집중력과 과제 해결 시 어려움을 해결하는 능력**을 유심히 살펴보시길 바랍니다.

수업 진행을 쉽게 하는 꿀tip

'교사는 수업으로 말한다.'라는 말이 있다. 적어도 학교 현장에서는 꽤 유명한 문장으로 통용된다. 수업에 자신감이 생기면 학생과 학부모, 동료 교사 등 주변인 앞에서 보다 당당해진다. 늘 쉽지 않은 수업이지만, 선생님의 수업을 좀 더 편하게 도와주는 수업 아이템들이 존재한다. 선배들의 추천 수업 아이템들을 살펴보고 내 수업에 적용하면 어떨까?

꿀tip 1 우리 반 학생들이 발표를 잘 하지 않아 고민이라면?

● ● ●

전반적으로 학생들이 고학년으로 올라올수록 발표를 하지 않으려는 경향이 강해진다. 수업시간에 교사가 발문을 해도 학생들이 대답을 하지 않으면 너무나 답답한 마음이 든다. 이때는 학생들의 성향을 고려하면서도 선생님의 말과 행동을 돌아보는 것이 꼭 필요하다.

교사의 발문은 학생들 수준에 적절한가?
쉽게 대답할 수 있는 발문에서 구체적인 생각이 필요한 발문으로 물어보았는가?
학생의 발표에 대한 구체적인 칭찬을 해주었는가?
발표를 준비할 수 있게 충분한 시간을 주었는가?
학생들에게 발표를 연습할 기회를 주었는가?

우선 선생님의 발문을 먼저 살펴보아야 한다. 나는 굉장히 쉽다고 여기는 질문이 학생들에게는 어렵고 부담될 수 있다. 어려운 용어는 없는지 살펴보고 학생의 수준에 맞는 표현으로 바꿔준다. 새롭게 나온 필수 낱말은 그 의미를 자세히 설명할 필요가 있다.

발문의 순서가 매우 중요하다. 정말 아주 쉬운 질문이나 답이 정해져 있지 않고, 열려있는 질문부터 시작하여 생각이 많이 필요하고 복잡한 질문의 순서로 발문을 하는 것이 좋다. 평소에도 많이 손을 들고 발표하는 학생은 뒤의 순서로 발언 기회를 주고, 평소에 발표를 잘 하지 않던 학생을 우선적으로 발표할 수 있게 해야 한다.

학생의 발표 이후에는 구체적인 칭찬이 필요하다. 보통 발표를 잘 하지 않는 학생은 자신감이 부족하거나 발표를 했다가 오답을 말했던 경험, 무시를 당했던 경험 등으로 발표에 두려움을 느끼는 경우가 많다. 평소에 발표를 어려워하는 학생이 변화한 모습을 구체적으로 이야기하며 칭찬하는 것이 필요하다. "석준이가 전에 발표를 한 번

발표는 어떻게 연습시키죠?

생각보다 꽤 많은 학생들이 교사의 발문이 어떤 대답을 요구하는지 잘 파악하지 못한다. 그래서 학생들이 직접 질문을 만들고 그 대답을 생각해보는 활동은 학생들의 발표를 연습하는 좋은 방법이 된다. 국어 교과서의 텍스트를 읽고 답하는 활동에 질문 만들기를 적용할 수 있다.

실제로 국어 교과서에는 질문 만들기 활동이 제시되어 있다. 국어 교과서에는 텍스트에 관한 사실 확인 질문, 생각이나 느낌을 묻는 질문, 추론할 수 있는 질문 만들기로 이루어져 있다. 하지만 이 질문 만들기는 학업 성취도가 낮은 학생에게는 다소 부담스럽게 다가왔다. 특히 학생들은 추론할 수 있는 질문 만들기를 어렵다고 느낀다.

학생들이 부담 없이 많은 이야기를 나누게 하기 위해 「신명나」에서 학생들을 위해 독서·토론 캠프를 개최했을 때 적용했던 토론 기법 중 하나인 이야기식 토론법을 적용해 질문을 만들고 이야기를 나누게 했다.

국어 교과서에서 활용된 질문		이야기식 토론 기법을 적용한 질문
① 사실과 관련된 질문 ② 생각이나 느낌을 묻는 질문 ③ 추론할 수 있는 질문	→	① 배경지식과 관련된 질문 ② 사실과 관련된 질문 ③ 인간의 삶과 관련된 질문(생각과 느낌, 추론)

특히 배경지식과 관련된 질문은 공부를 잘 못하는 학생, 발표에 소극적인 학생이라도 쉽게 이야기할 수 있는 내용이기에 이때 발표에 소극적인 학생들에게 기회를 더 주고 적절한 칭찬을 하면 좋다.

아이들은 각자 세 가지 질문을 만들어 공책에 쓰고 발표한다. 질문을 들은 학생 중 이야기하고 싶은 친구는 질문한 학생을 바라보며 대답하고, 다른 학생이 한 질문 중에 좋다고 생각하는 질문은 자신의 공책에 적고 답도 스스로 적어보도록 한다. 교사는 학생들의 질문에 대답하는 사람 중의 하나가 되고 수업의 주도권은 질문하는 학생이 갖게 된다. 교사는 참가자이자 진행자의 역할만 하면 된다.

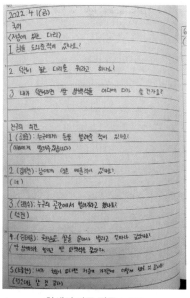

학생이 만든 질문 노트1

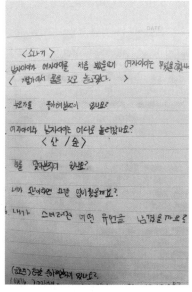

학생이 만든 질문 노트2

했는데, 오늘은 두 번이나 발표를 했네. 이렇게 노력하는 모습을 보여줘서 고마워.", "준수가 전에 발표할 때는 목소리가 작았는데, 오늘은 저번보다 훨씬 목소리가 커진 것 같아. 이렇게 큰 목소리로 발표하려고 노력해줘서 고마워."라고 변화한 모습과 학생의 노력, 태도에 대해 칭찬해주자.

발표는 준비가 필요하다. 자신감의 문제도 있지만 학생에 따라 발표를 준비할 시간이 부족했을 수도 있다. 그래서 교사는 학생들이 발표를 준비할 수 있는 시간을 만들어주어야 한다. 학생들이 발표를 하기 전에 발표할 내용을 글로 쓰게 한다. 순간적으로 생각해서 즉석으로 하는 발표와 달리, 충분히 생각하고 글로 쓴 다음 그것을 읽게 하는 것은 아이들의 부담을 확 줄여준다. 학생이 미리 쓴 그대로 읽기만 하면 되기 때문이다. 물론 모든 교과와 활동에서 그렇게 할 수는 없다. 수업시간은 정해져 있는데, 쓰기 후 발표를 하면 시간이 많이 소요되기 때문이다. 그래서 주로 텍스트를 읽고 내용을 파악하는 활동에서 쓰기 후 발표활동을 적용하는 것을 추천한다.

꿀tip 2 학생과 교사가 모두 행복한 수업을 만들고 싶다면?

• • •

- 학생들의 감정이 온화한 상태를 유지하도록 도와라.
- 첫 수업 전, 학생들의 몸을 깨워라.
- 수업에 집중하는 학생에게 주목하라.
- 학생들은 공부를 잘 하고 싶어한다.
- 다양한 수업자료와 방법을 활용하라.

◆ 학생들의 감정이 온화한 상태를 유지하도록 도와라

수업을 시작하기 전에 학생들의 감정이 긍정적이거나 온화한 상태여야 한다. 기분이 상했거나 우울감을 느끼는 등의 상황에서는 학생 스스로 수업에 집중하기가 어렵다. 실제 수업을 시작하기 전, 학생들의 표정을 면면이 살펴보고 인상을 찌푸린 학생이 있는지 보자. 그런 학생이 있다면 그 학생의 마음이 어떤 상태인지 가볍게 이야기를 나눠보고 수업을 시작해도 늦지 않다. 학생 스스로 감정이 정돈되어 있을 때 수업의 효율이 높아진다.

◈ 첫 수업 전, 학생들의 몸을 깨워라

학생들은 수업시간에 머리로만 배우지 않는다. 눈, 코, 입, 귀는 물론 신체를 다양하게 활용하여 경험을 축적하며 하나씩 배워나간다. 따라서 수업의 효과를 높이기 위해 1교시 수업을 시작하기 전 몸을 움직이는 활동을 추천한다. 간단한 동요와 율동, 대중가요나 춤도 좋고 가벼운 스트레칭이나 약간의 운동도 좋다. 하루에 5분에서 10분 정도 몸을 움직이는 동안 학생들의 기분도 좋아지고 학급의 분위기도 활발해질 수 있다. 이 또한 수업의 효율을 높이는 방법이 된다.

◈ 수업에 집중하는 학생에게 주목하라

교사가 최선을 다해 수업을 준비하면 수업시간에 학생들이 더 몰입하여 잘 배운다. 그러나 간혹 우리의 노력과는 상관없이 수업에 집중하지 못하고 수업과 관련 없는 말이나 행동을 하는 학생들이 종종 있다. 이럴 경우, 열심히 집중하여 과제를 수행하는 학생들에게 주목하기를 권한다. 수업의 목적은 학생들의 배움이다. 따라서 수업에 참여하지 못하고 있는 학생의 문제점을 지적하기보다 그 학생을 수업으로 끌어들이는 것이 더 중요하다. 교실의 모든 학생이 들을 수 있는 소리로 열심히 하는 학생을 칭찬한다. 그리고 그들에게 더욱 주목한다. 참여하지 못하고 있던 학생도 자신의 행동을 점차 수업과 관련 있는 방향으로 조정해나갈 것이다.

◈ 학생들은 공부를 잘하고 싶어한다

처음부터 공부를 못 하고 싶은 학생은 없다. 수업 내내 집중을 하지 않는 학생이 보인다면 그 학생을 면밀하게 관찰하고 그 학생과 진지하게 대화를 나눠보길 추천한다. 십중팔구 처음 배우는 내용에 지레겁을 먹거나 그 내용이 나를 귀찮게 한다고 생각하여 재미를 못 느끼고 있을 것이다. 이런 학생들에게는 처음 배우는 내용은 누구나 당황스럽고 어려움이 있다는 것을 알려준다. 그리고 어떤 부분이 학생을 힘들게 하는지 확인해보고 공부를 도와줄 방법을 찾는다. 그리고 수업의 형태를 다양하게 준비한다. 학생마다 선호하는 공부 방법이 다르기 때문에 교사의 수업 중 일부는 학생에게 지루함을 느끼게 할 수도 있다.

◈ 다양한 수업자료와 방법을 활용하라

세상에는 멋진 수업 소재들이 많다. 그리고 우리의 머릿속에는 다양한 수업 방법이 숨어 있다. 유튜브, 신문기사, 뉴스 등 매체에서 쉽게 접할 수 있는 내용이 수업의 자료가 된다. 음악, 게임, 놀이, 춤, 운동 등 삶의 전반적인 영역 또한 수업과 접목할 수 있다. 교사는 일상에서 만날 수 있는 다양한 것들을 어떻게 수업으로 녹여낼 것인지 디자인하면 된다. 다양한 수업자료와 방법은 학생들의 호기심을 유발

과자를 이용한 미술수업   수막대 구조물 만들기   도형 과일꽂이

하고 학습 의욕을 높이며 수업에 즐거움을 더할 수 있다.

꿀tip 3 수업의 마무리에서 공부한 내용을
정리하는 방법이 고민이라면?

• • •

한 문장(가장 중요한 낱말)으로 정리하기

활동 시간: 5~10분

활동 방법

1. 교사와 함께 학습 목표(공부할 내용)를 소리 내어 읽어본다.

2. 차시 수업에 배운 내용을 한 문장이나 가장 중요한 낱말로 정리해 발표한다.

교사 발문 예시: 오늘 배운 내용을 한 문장으로 정리해봅시다.

오늘 배운 내용 중 가장 중요한 낱말은 무엇인가요?

낱말을 넣어 오늘 배운 내용을 정리해봅시다.

3. 발표한 내용을 칠판에 적거나 화면에 띄워 공유한다.

차시 수업에 배운 내용을 한 문장이나 가장 중요한 낱말로 정리해 발표한다. 선생님의 교실이 노트 정리를 하고 있다면, 노트에 적어서 발표하는 것도 좋다. 이때 첫 발표는 성취 수준이 우수한 학생이 하는 것이 좋다. 엉뚱한 답이 나오면 나머지 학생들도 학습한 내용에 대한 이해가 흐려지기 때문이다. 오늘 배운 내용에 대한 답변은 선생님이 칠판에 적어 다른 학생들이 볼 수 있게 하였다. 도움이 필요한 학생들에게는 이를 보고 모방하거나 하나를 골라 학습 내용을 정리하게 하면 자연스럽게 학습 내용을 정리할 수 있었다. 처음에는 학생들이 낱말로 대답하는 것도 어려워한다. 선생님이 학습 목표에서 중요한 낱말이나 배운 내용을 정리할 수 있게 시범을 보여주는 과정이 필요하다. 혹은 학생의 발표에 살을 붙여 정리해주는 것도 도움이 된다.

꿀tip 4 여러 수업 아이템을 사용해 봐도 수업이 어렵고 힘들면?

• • •

학생들이 공부를 하는 것처럼, 교사 역시 수업을 공부해야 한다. 교사는 수업장면을 볼 수 있는 기회가 매우 많다. 자신의 수업장면을 녹화하여 보거나 같은 학교 동료 교사의 공개수업을 참관할 수 있다. 다른 학교 교사의 공개수업을 참관하거나 수업 관련 온라인 연수에서도 여러 수업의 모습을 관찰할 수 있다. 이 수업들로부터 우리는 참신한 수업의 내용과 방법, 그리고 여러 아이디어를 보고 그 수업에 들어있는 교육적 의도를 배울 수 있다.

다른 사람들의 수업에서 배운 아이디어와 생각들을 통해 우리는 자신의 수업을 더욱 풍부하게 만들 수 있다. 같은 소재를 사용하면서 나만의 방법으로 수업하거나, 다른 사람의 방법을 참고하면서도 소재는 다르게 하여 수업할 수도 있다. 더 나아가 평소에 '수업은 이렇게 해야 해.'라고 막연한 틀을 갖고 있었다면 그것을 발전시켜서 독창적이고 유의미한 수업을 만들어가는 교사로 거듭날 수 있다.

꿀tip 5 다양한 개념을 배우는 과목의 단원 평가가 고민이라면?

• • •

사회나 과학 교과의 경우 한 단원 안에서 다양한 개념을 학습하므로 각 개념에 대한 학습을 제대로 되었는지 확인하는 과정이 필요하다. 평가를 통해 학생들이 학습한 개념을 잘 이해했는지 판단하고, 필요하다면 개념을 보충하고 정리해야 한다. 보통 평가 문제는 교사가 출제하는데, 평가의 출제자를 학생으로 바꿔 보는 건 어떨까?

단원학습 평가문제 만들기
활동시간: 40분
활동방법
1. 출제 범위 지정하기
출제 범위는 보통 한 단원으로 지정하는데 교과서의 페이지를 지정하면 편리하다.
2. 문제 출제 방법 안내하기
문제의 수준은 단답형과 서술형으로 나뉜다. 학생들에게 문제를 만들라

고 하면 대부분 단답형 문제가 주를 이룬다. 단답형은 1점, 서술형은 2점
으로 점수를 배정한다.

팁. 교사가 단답형 문제와 서술형 문제의 예시를 들어주면 도움이 된다.

3. 문제 출제하기

포스트잇 한 장에는 하나의 문제만 쓰고 포스트잇 뒷면에 정답을 쓴다.

4. 포스트잇을 반으로 접어 선생님에게 제출하게 한다

5. 학생들에게 시험지를 배부한다

시험지는 아래와 같이 정답과 각 문제로 획득한 점수를 쓸 수 있다. 시험
지는 활동이 끝난 후 수거하여 평가 자료로 활용할 수 있다.

시험지 예시

사회 단원 정리 문제

(　　)학년 (　　)반 이름: _____

_____ 점수:__점

_____ 점수:__점

_____ 점수:__점

총점 _____점

---

6. 선생님이 학생들이 만든 문제를 무작위로 뽑아 읽는다

교사는 중복되는 문제를 골라내거나 보완이 필요한 문제를 수정하여 읽는다.

4장

또 다른 수업
에듀테크와 함께하는 수업

옆 반 교실에선 항상 아이들이 태블릿을 가지고 수업을 한다. 매일 뭘 하는 걸까? 정보 검색? 그림 그리기? 학생들은 태블릿 화면을 뚫어져라 쳐다보기도 하고, 호기심 가득한 표정으로 이것저것 누르며 열심히 참여한다. 그 반 아이들은 수업시간이 항상 재미있고 신기하다고 한다. 매일 다양한 영상 자료를 찾으며 수업을 열심히 준비하는데, 우리 반 아이들은 항상 말한다.

"우리도 태블릿 가지고 수업해요!"

어떻게 해야 요즘 세대에 맞춰 아이들과 재미있는 수업을 할 수 있을까?

에듀테크로 온라인 오프라인 마음대로 넘나들기

• • •

에듀테크란, Education + Technology의 합성어로 교육을 IT 기술과 결합한 것을 뜻한다. 코로나 19의 확산과 함께 시작된 온라인 수업으로 SW 교구나 AI를 활용한 수업은 자주 이루어지고 있다.

온라인 수업뿐만 아니라 대면 수업에서도 에듀테크는 활용될 수 있다. 다양한 에듀테크 도구는 기존 교실의 시공간적 제약을 넘어 다양한 학습 활동에 도움을 주기 때문이다. 칠판은 전자칠판으로 바뀌고 있으며, 책은 디지털 교과서로 바뀌고 있다. 태블릿과 어플을 활용하면 수업에 다양성을 줄 수 있고 학생들이 흥미를 가지고 참여할 수 있다.

하지만 여전히 내 수업에 에듀테크를 적용하기에는 아직 낯선 선생님들이 적지 않을 것이다. 구글 오피스나 패들렛(padlet.com)과 같은 전부터 널리 사용되었던 것들부터 교육 현장에 맞게 새로 생겨나는 것들까지, 교실 수업에서 필수적인 도구들을 알아보자.

수업을 도와주는 도구들

• • •

◈ 온라인 문서 프로그램: 문서는 온라인으로

구글, 마이크로 소프트, 네이버 등에서는 프리젠테이션 만들기, 문서 협업하기, 설문지 만들고 결과 활용하기 등 기능을 활용하고 있다. 모둠 조사 활동에서 역할이 없이 무임승차 하는 학생이 없게 모든 학

구글 문서로 협업하기

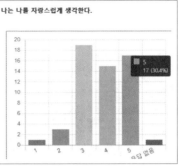

온라인 설문으로 그래프 자동 생성하기

생에게 역할을 부여할 수 있어서 조사 활동에 자주 활용한다. 또 설문지를 만들어 설문 주소를 QR코드로 변경해서 설문지를 교내 벽보로 홍보하는 활동도 가능하다.

◆ 패들렛/띵커벨 보드

패들렛과 띵커벨 보드는 온라인 칠판에 학생들이 의견을 포스트잇 형태로 올리고 공유하는 온라인 도구이다. 간단한 글부터 이미지, 음성, 영상 등 파일을 첨부하고 공유할 수 있다. 교사가 카테고리를 나눠두면 찬성, 반대 의견에 맞게 입력하거나 자신의 이름을 찾아가 업로드할 수 있어 한 눈에 보기에도 좋고 학생들이 접근하기도 쉽다. 둘 다 무료 버전의 경우 보드의 개수가 정해져 있다.

패들렛(padlet.com)은 수 년 전부터 많은 선생님들이 써온 협업 도구이며, 띵커벨 보드는 팬데믹 이후 많은 선생님들이 쓰기 시작하며 더욱 발전하고 있는 도구이다. 사용자마다 느껴지는 장단점이 있어 모

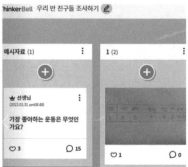

| 패들릿을 활용한 모둠별 협업 | 띵커벨로 설문조사하여 그래프 만들고 공유하기 |

두 써보고 편한 것을 활용하면 된다.

◆ 잼보드

잼보드는 함께 만드는 프레젠테이션이다. 메모, 파일 업로드, 포스트잇 등 여러 학생들이 모여 한 화면을 구성한다. 모둠별로 시트를 한 장씩 주고 꾸미도록 하여도 좋고, 학급 전체가 한 시트에 모여 토론을 진행해도 좋다.

잼보드를 사용할 때 주의할 점은, 학생들이 모둠원의 다른 게시물을 삭제할 수 있다는 것이다. 이 때, 뒤로가기 버튼을 눌러서 되돌리기 할 수 있으며 실수로 삭제한 경우 꼭 되돌려둘 수 있도록 안내한다. 교사가 미리 모둠 수에 맞게 잼보드를 만들어 QR 코드나 짧은 주소를 만들어 두어, 모둠별로 잼보드에 접속해서 협업을 할 수 있도록 안내하면 준비 시간을 단축할 수 있다. 학생들이 잼보드를 충분히 활용하고 연습할 수 있는 시간도 필요하다. 연습시간이 충분하지 않으

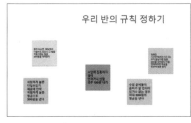

| 잼보드로 의견 나누기 | 잼보드를 활용한 가치수직선 토론 |

면 학생들은 교사를 애타게 찾아대며, "이거 뭐예요?", "이거 어떻게 해요?"등의 질문을 남발할 것이다.

◆ 클래스 카드, 팅커벨, 카훗: 퀴즈 프로그램

퀴즈는 학생들에게 흥미를 제공하는 가장 큰 도구이다. 클래스카드, 띵커벨, 카훗 등 여러 사이트를 활용할 수 있는데 반 전체가 온라인에 접속해서 퀴즈를 풀며 점수 경쟁을 하며 재미있게 참여할 수 있다. 퀴즈는 교사가 직접 만들거나 다른 교사가 만들어둔 문제를 활용할 수 있다. 사이트마다 특징이 다르고 교사마다 편하게 느껴지는 것들이 다르므로 교사와 학생들이 함께 다뤄보고 어려워하지 않는 도구를 선택하면 된다.

> 퀴즈 배틀을 통해 실시간으로 점수를 확인해가며 더욱 재밌게 참여할 수 있는 클래스카드(https://www.classcard.net/)
> 보다 사용이 익숙하고 직관적이어서 사용이 간편한 띵커벨(https://www.tkbell.co.kr/)

학급활동 버전 업프로그램

• • •

◈ 줌잇(Zoom It)

학생들에게 영상/사진 자료 또는 인터넷 화면 자체를 보여줄 때 너무 작아서 보여주기 곤란한 경우가 있다. 브라우저를 확대할 수도 있지만 한계가 있고 사용이 번거롭다. 이 때 사용하기 아주 좋은 도구가 줌잇(Zoom It)이다. 화면을 확대하거나, 화면상에 즉석에서 메모를 할 수 있다.

◈ 멘티미터(Mentimeter)

학생들의 의견을 한 눈에 파악하고 싶으면 어떤 방법이 있을까? 구글 설문지를 통해 그래프로 보여주는 것도 좋지만, 멘티미터를 활용하면 직관적인 이미지로 설문 결과를 표현한다. 서술형 대답을 받아서 워드 클라우드 형태로도 활용이 가능하니 동기 유발이나 수업 마무리 활동에서 유용하게 쓸 수 있다.

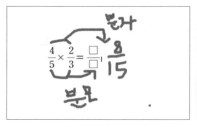

줌잇으로 화면을 확대하고 주석 남기기

멘티미터에서 의견 조사하기

◈ 구글 드라이브, 포토스케이프: 사진 관리를 편하게

학생들 활동 모습을 사진으로 남기다 보면, 매일 사진이 넘쳐난다. 구글 드라이브에 자동 업로드를 설정해두면 사진을 잃어버릴 염려 없이 간편하게 관리할 수 있다.

이외에도 사진 크기를 조정하거나 일괄적으로 간단한 보정이 필요할 때 포토스케이프(http://www.photoscape.co.kr/)를 활용하면 간편하다. 사진을 분할하거나 확장자를 변경할 수도 있어 교실에서 다용도로 쓰기에 유용하다.

◈ 미리캔버스/망고보드

멋진 게시판을 꾸미고 안내장을 보내고 싶은데, 전문적인 프로그램은 다루지 못하고 손재주도 없어 힘들었던 선생님이 많을 것이다. 미리캔버스와 망고보드는 다양한 템플릿이 제공되어 글자만 손쉽게 바꾸어도 되고, 제공되는 무료 이미지와 무료 폰트가 많아 디자인에 자신이 없더라도 멋진 자료를 만들 수 있도록 도와준다.

◈ 픽픽

학생들에게, 선생님들에게 어떠한 매뉴얼을 만들어주고 싶을 때 작업 시간을 매우 단축시킬 수 있는 도구이다. 단축키로 화면상의 원하는 구역을 자유롭게 캡처를 할 수 있고, 숫자 번호나 기호를 클릭만으로도 그림에 넣을 수 있다. 워드 작업으로 직접 기호표를 찾아넣고 글상자로 꾸미는 번거로운 작업을 순식간에 마무리할 수 있다.

교육과정 속 SW·AI 교육 어떻게 가르쳐야 할까?

• • •

학교 현장에서 SW 교육은 더 이상 낯선 교육이 아니다. 5, 6학년을 대상으로 SW 교육이 의무화되었으며 관련 연수가 매해 끊임없이 쏟아지고 있다.

SW 교육이 교육과정에서 다루어지는지에 대한 이유에 대해 생각해본 적 있는가? 4차 혁명 시대에 학생들이 적어도 홈페이지 하나쯤은 만들 수 있어야 하니까? 온라인 수업을 해야 하니까? 아니다. 교육과정에서 SW교육을 다루는 것은 학생들에게 창의력과 문제해결력을 길러주기 위함이지 아이들을 프로그래머로 성장시키기 위함이 아니다. 프로그래밍 도구는 학생들의 학습 기능을 길러주기 위한 도구이다. 별다른 도구 없이 컴퓨터만 있으면 상상 속의 이야기를 직접 만들어내고 시행착오를 거치며 끊임없이 생각하게 만드는 점이 SW 교육만이 가진 매력이다.

SW 교육을 시작하기에 가장 큰 걸림돌은 교사들이 여전히 다양한 교구와 프로그래밍 도구를 다뤄본 적이 없기 때문일 것이다. 하지만 SW 교육의 본질은 창의력과 문제해결력의 신장이다. 그러므로 교육과정에 다루어지는 SW 교육 도구들을 살펴보고 교사 개인의 역량에 알맞은 도구부터 수업에 활용해보자.

▷ 교육과정 속 SW 교육 살펴보기

교육과정 속 5, 6학년의 SW 교육은 블록형 프로그래밍 언어와 간단한 로봇을 활용하고 있다. 블록형 프로그래밍 언어는 스크래치와 엔트리가 대부분 사용되는데, 몇 해 전만 해도 이를 접해본 학생들이 거의 없었지만 교내 SW 체험주간 등을 통해 프로그래밍을 접하고, 초보 학습자를 위한 튜토리얼이 꾸준히 제공되고 있어 최근에는 SW 교육에 대한 이해도가 한결 높아졌다. 아울러 컴퓨터로만 가능하던 프로그래밍이 태블릿, 스마트폰으로도 활용할 수 있게 되면서 교실에서 더욱 활발하게 지도할 수 있게 되었다.

(스크래치: Scratch 앱 설치, 엔트리: Chrome 앱에서 playentry.org 접속)

실과 교과서에는 프로그래밍이 6학년부터 등장하므로, 그전에는 창의적 체험활동 시간 등을 활용해 언플러그드 및 블록형 언어를 지도할 수 있다. 언플러그드 교육은 컴퓨터를 사용하지 않는 SW 교육으로, 펜슬코딩이나 삼목게임, 보드게임 등을 활용한다.

<언플러그드 교육>

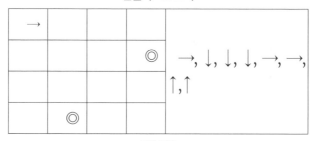

펜슬교육

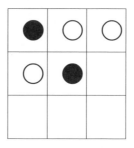

블록형 프로그래밍 언어는 교사가 직접 지도하기 전 초보 학습자를 위한 미션 해결을 통해 인터페이스와 조작에 익숙해지도록 과제로 제시한다. 이후 이야기 꾸미기, 게임 만들기 등의 학생들이 좋아할 만한 주제를 선정하여 프로그래밍 과정을 지도하고 이어 학생 스스로 요소를 바꾸어 만들도록 지도한다.

몇 해간의 SW 교육 예산으로 각급 학교에 기초적인 SW 교구가 많이 보급되었을 것이다. 저학년은 오조봇이나 뚜루뚜루 로봇 등 직관

<저학년을 대상으로 하는 로봇 활용 교육 사례>

오조봇을 활용한 라인트레이싱 코딩

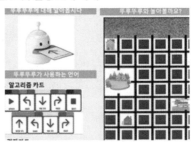

뚜루뚜루 로봇 카드 코딩

<고학년을 대상으로 하는 로봇 활용 교육 사례>

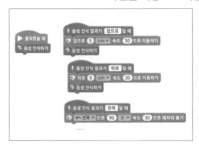

햄스터 로봇의 인공지능 기능 활용

스파이크 프라임 로봇 활용

적으로 움직이는 로봇으로 순차 개념에 대해 자연스럽게 학습하도록 지도한다. 고학년은 햄스터 로봇, 스파이크 프라임 등 조건, 변수 개념을 적용할 수 있는 로봇을 활용할 수 있다.

한편 초등 교육과정 내의 AI 교육은 아직 명확하지 않다. 그렇기에 머신러닝의 개념 이해를 위한 간단한 언플러그드 활동이나 블록형 언어를 활용해 분류하는 경험을 제공할 수 있다. 티처블 머신(teachablemachine.withgoogle.com)이 기존부터 머신 러닝을 학습하는 가장 기초적인 도구였으나, 최근에는 엔트리(playentry.org)에서 인공지능 블록을 개발하면서 이미지, 텍스트, 음성을 학습시켜 프로그래밍하

엔트리의 이미지 학습 과정

엔트리의 이미지 학습 후 분류하기

사람	자전거	자동차	오토바이
비행기	버스	기차	트럭
보트	신호등	소화전	정지 표지판
주차 미터기	벤치	새	고양이
개	말	양	소

기존에 학습된 자료를 얼굴, 사람, 사물 등 다양하게 활용할 수 있다.

거나 사전에 학습된 이미지 자료를 활용할 수도 있게 되며 학생들이 경험할 수 있는 폭이 한층 넓어지게 되었다.

◈ 교과 속 SW 교육 융합하기

교육과정은 속 SW 교육은 다른 교과와 연계해 지도할 수 있다. 국어 시간에 SW 교육을 다루기 가장 좋은 방법은 이야기를 만드는 것이다. 이야기 속 한 장면을 그대로 표현하거나 이야기의 한 요소를 바꿔서 재구성한다. 또는 자신만의 이야기를 직접 만들어볼 수도 있다. 이는 사회시간에도 발표할 내용을 꾸며보거나 역사 속 사건을 표현하는 데에도 활용할 수 있다.

수학 시간은 사칙연산 문제 맞히기, 다각형을 그리게 하는 활동을 할 수 있다. 사칙연산을 도와주는 계산기를 직접 만들거나 퀴즈를 내는 프로그램을 만들 수 있다. 내각과 외각의 성질을 배운 뒤 삼각형, 사각형, 오각형 등을 그리도록 프로그래밍한다.

지식 요소가 많은 사회, 과학 시간에는 배운 내용을 퀴즈로 제시하고 이를 학급 내에서 공유하여 서로 문제를 맞혀보는 활동을 할 수 있다. 학생 개인별로 문제를 내면서 학습 내용을 복습할 수 있고 제출한 문제를 언제든 다시 수정할 수 있으므로 보관과 관리에 용이하다.

'메이키메이키'는 직접 만지거나 접촉해 신호를 전달하므로, 신체 활동과 프로그래밍을 연결해 다양한 교과에 적용할 수 있다. +극과 - 극을 접촉했을 때 전기 신호가 전달된다는 기본 과학 개념을 함께 지도하며 블록형 프로그래밍 언어를 활용해 자신만의 프로젝트를 꾸려 나가기에 무궁무진한 가능성을 가진다.

국어 엔트리를 활용한 이야기 만들기

사회 퀴즈 프로그램 만들기

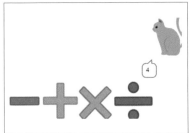

수학 사칙연산 프로그램(계산기 만들기)

수학 다각형 그리기 프로그램

음악 메이키메이키로 리듬게임 만들기

체육- 왕복 달리기 측정 프로그램 만들기

메이키메이키가 무엇인가요?

'Make+Key'의 합성어로, 14개의 키보드 키를 전기 입력 신호로 전달해주는 피지컬 컴퓨팅 도구로 가격도 2만 원 내외로 저렴하다.

'수업의 질은 교사의 질을 넘지 못한다.' 선생님으로서 가장 부담이 되는 말이기도 하다. 교실에서의 수업은 어찌 보면 참 쉽고 달리 보면 참 어렵다. 가르치는 내용 자체는 교사인 우리에게 어렵지 않다. 하지만 우리에겐 이미 당연해진 이 내용이 학생들에게는 처음 보는 낯선 내용이기에 수업이 어려운 것이다. 내 눈 높이가 아닌 학생들의 눈높이에서 온전히 생각해야 하기에 수업이 막막하게 느껴진다.

하지만 우리는 선생님이기에 수업을 해나가야 한다. 수업이 어렵다고 느껴지는 것은 온전히 수업이 무엇인지 이해하고 고민하기에 생기는 감정이 아닐까? 주변을 둘러보면 많은 선생님들이 나와 비슷한 고민을 하고 있다. 수업이 어렵다는 것을 말하기가 부끄러워 각자의 방법으로 해결하고 있을 뿐이다. 나누면 어려움이 반이 된다. 동료 선생님들과 함께 고민하며 교사로서 성장해가자. 학생들이 애쓰며 배우듯 우리도 애쓰며 배워나가자. 우리는 멋진 선생님이니까.

4부

업무

'복무 상신'부터 정산, 초과근무신청 등 행정업무 가이드

교사가 수업만 잘하면 되지, 왜 업무를 해야 하지? 행정실이 하는 거 아닌가? 왜 내 업무는 누가 대신 해주지 않는 것일까? 가르치는 것만 잘 하고 싶은데…. 학교에서 '업무'라는 것은 과연 수업과 관련이 없는 것일까? 교사가 필요한 과학실험 준비물은 누군가는 구입해줘야 하고 학생들의 독서를 위한 도서구입 목록도 누군가는 작성해야 하며 학생들이 학수고대하는 운동회 계획도 누군가는 세워야 한다. 수업을 '잘'하기 위해서 또 학생들이 학교생활을 '잘'하기 위해서 교사가 해야 할 일은 어마어마하다. 교사가 수업'만' 하고는 살 수 없는 이유이다.

"처음 봐요", "이건 뭐죠?", "안 배웠는데요?" 처음 교직에 발령받고 자주 했던 이야기다. 그리고 수년이 지난 지금은 많은 신규 선생님으로부터 이 말을 종종 듣곤 한다.

신규 선생님과 같은 학년에서 근무할 때 그 선생님이 당황스러운 표정으로 "부장님, 교감 선생님께서 복무를 상신하라고 말씀하셨는데 복무 상신이 뭔가요?"라며 질문했다. '어?? 이런 것도 모르나?'하고 나도 당황했다. 생각해보니 내가 신규일 때도 새로운 용어와 업무에 당황했던 기억이 있었다. 대학에서 학생 지도와 수업에 대해서는 배우지만 학교 행정업무는 배우지 않기 때문이다. 수업만으로도 벅차지만 새 학기부터 수업과 함께 업무도 시작한다. 그래서 미리 알고 나면 조금 더 수월하다. '업무'는 어떻게 해야 하는 것일까?

1장

가장 쉽게 파악하는 업무포털

학생들 정보부터 성적입력, 업무까지 교사가 해야 할 일들은 어디에서 찾아서 하는 것일까? 네이버? 구글? 교사가 해야 할 일들과 관련된 메뉴를 한꺼번에 모아놓은 곳이 있다. 바로 '업무포털'이다. 처음 발령을 받았을 때 교감 선생님께서 업무포털에 들어가서 무언가를 확인해 보라고 하셨는데 일단 '네'라고 대답하고 나서 검색창에 '업무포털'을 쓰고 한참을 어디로 들어갈지 헤맸던 기억이 있다. 교육청 배너를 통해 들어가서 즐겨찾기를 등록하면 된다는 것을 나중에야 알았다.

업무포털은 크게 교육과정과 관련된 나이스, 회계와 관련된 K-에듀파인, 업무에 참고할 자료를 모아놓은 업무DB로 나눌 수 있다. 학교마다 또 담당업무마다 탭의 순서와 구성이 조금씩 다르긴 하지만 교사가 꼭 알아야 할 메뉴를 중심으로 업무포털에 대해 알아보자.

업무포털이 무엇일까?

● ● ●

업무포털이란 하나의 아이디로 나이스, K-에듀파인 등 교육행정업무와 관련한 모든 시스템을 편리하게 이용할 수 있도록 제공하는 포털을 말한다. 업무포털은 나이스(교육과정, 학교생활기록부, 건강기록부, 학적처리, 방과후학교, 교육급여, 학교정보공시, 체육, 장학, 교원능력개발평가, 통계 등), K-에듀파인(공문 작성, 접수, 발송, 예산품의, 자료집계), 업무 DB, 기록관리(2020년 이전의 문서) 등으로 구성되어 있다.

업무포털에 들어가기 전에 먼저 해야 하는 일이 있다. 인증서를 신청하고 발급을 받아야 선생님들이 업무포털을 사용할 수 있다.

공인인증서 신청 및 발급은 어떻게 해야 할까?

● ● ●

처음 발령이 나서 학교를 방문하게 되면 정보담당 또는 교무행정실무사가 인증서 발급 신청서를 준다. 신청서를 작성해서 제출하면 담당자가 공문으로 교육청에 제출한다. 교육청에서 인증서 관련 업무가 완료되면 신청서에 기재한 선생님 이메일 및 핸드폰으로 인증서 등록 안내 문자가 발송된다.

신청서 작성→학교담당자가 공문시행→인증서 등록 안내(문자 또는 메일)→인증서 발급→등록

인증서발급/관리

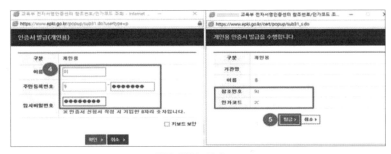

인증서발급- 인가코드

인증서 저장매체 선택

기간제 교사로 근무하다가 신규교사로 발령 받은 경우, 소속된 시도교육청이 같다면 기간제 교사 시기에 발급받은 인증서를 갱신하여 계속 사용할 수 있다.

인증서 발급 절차는 어렵지 않다. 개인용 인증서 발급 인가 문자 및 메일이 오면 아래의 순서대로 인증서를 발급하면 된다.

인증서 발급절차에 대해 알아보자. 교육부 전자서명인증센터(www.epki.go.kr)의 [인증서발급/관리] 메뉴를 클릭해서 들어가면 [발급/재발급]-[인증서 발급/재발급] 탭이 보인다. 클릭해서 들어가면 인증서발급 모듈 ActiveX가 설치된다. 개인용 인증서 발급의 [참조번호/인가코드 조회]를 클릭 후 이름, 주민등록번호, 신청서에 작성한 임시비밀번호(8자리)를 입력한다. 이어서 개인용 인증서를 발급받을 수 있는 참조번호와 인가코드를 확인하고 [발급]을 클릭하면 선생님의 인증서가 발급된다.

인증서 저장매체 선택창이 생성되면 인증서 저장매체를 선택 후 비밀번호 입력창에서 비밀번호를 입력하고 [확인]을 클릭하면 인증서 발급이 완료된다. 이때 하드디스크와 USB에 발급받으면 좋다. 먼저 교실에서 인증서를 발급받은 후 USB에 복사하면 어느 곳에서나 업무포털을 사용할 수 있다. 인증서 저장하는 방법은 다음과 같다.

발급받은 개인용 교육부 GPKI 인증서 확인 방법
1. 하드디스크에 저장했을 경우
 - 'C: GPKI-Certificate-class2' 폴더에 인증서 및 키 파일 4개 확인함.
2. 이동식 디스크에 저장했을 경우

- '이동식 디스크-GPKI-Certificate-class2' 폴더에 인증서 및 키 파일 4개 확인함.

이제 행정업무를 할 수 있는 준비가 되었다. 처음 발령받고 학생들을 가르치는 것만으로도 벅차겠지만 교사가 해야 하는 중요한 업무 중 하나가 행정업무임을 기억하자. 행정업무의 양은 학교급, 학교별, 담당업무에 따라 달라질 수 있으니 참고하자. 행정업무를 할 때 선생님들이 접하게 되는 업무포털 메인 화면이다. 업무포털의 메인 화면을 꼼꼼하게 들여다보면 선생님이 업무포털을 쉽게 접근할 수 있는 요령이 생긴다.

업무포털 로그인하기

업무포털 로그인화면

로그인 화면에서 꼭 알아야 하는 부분만 기억해보자.

- 로그인: 아이디 입력-[로그인] 버튼 클릭 - 인증서 선택 - 인증서 비밀번호 입력으로 로그인 함
- 사용자 등록: 처음 사용 시 주민등록번호 입력 후 인증서 선택 후 등록함
- 전자서명인증센터: 인증서 재발급 및 갱신 시 사용
- 인증서 변경: 인증서를 변경하여 재발급 받은 경우 인증서 다시 등록
- 나이스원격지원: 선생님의 PC에 상담원이 원격으로 접속하여 문제해결을 도와주는 시스템
  이용 시 개인데이터, 기밀이나 보안이 들어가 있는 자료를 반드시 종료 후에 사용해야 함
- 이용안내: 업무포털에 이용방법이 기재되어 있음

업무포털 메인화면 살펴보기

● ● ●

업무포털 메인 화면은 아래 그림과 같다. 상단 바는 각각의 사이트로 연결되어 있다. 주로 선생님들이 이용하는 포털은 나이스, K-에듀파인, 업무DB, 기록관리 순이다.

업무포털 메인화면에 메뉴들을 살펴보자.

① **상단메뉴:** 나이스, K에듀파인, 업무DB, 교육정보통계, 기록관리 등으로 연결.

K-에듀파인: 업무처리의 전 과정을 과제관리 및 문서관리카드 등을 이용하여 전자적으로 관리하는 시스템. (각종 결재 및 보고, 예산편

업무포털 메인화면

성, 품의, 지출, 결산, 알림판, 내부메일, 일정관리, 공유설비 예약 등)

업무DB: 각 업무 서식파일, 업무메뉴얼, 업무표준화를 위해 교육
행정업무에 필요한 서식 등을 데이터베이스에 통합관리하는 시스템.

② 좌측메뉴

나의 업무현황: 현재 나이스 및 업무관리 시스템에서 대기하고 있
는 문서의 종류와 상태를 파악할 수 있음. 클릭 시 해당 업무화면으
로 이동함.

상신함: 나이스에서 본인이 올린 복무, 초과근무, 자료집계 내용
을 다시 회수할 수 있음.

기결함, 미결함: 결재권자가 본인이 결재한 문서나 아직 결재 중인
복무 등을 볼 수 있음.

③ **우측메뉴:** 해당 교육청 및 각 지원 서비스로 연결하는 메뉴가 있음.

원격지원(헬프컴): 업무포털(나이스)에 문제가 발생하였을 때 상담원이 사용자 컴퓨터에 원격으로 접속하여 문제를 해결해주는 시스템.

알약(백신): 나이스, 메신저, K-에듀파인에 필요한 각종 프로그램(백신, 내PC 지키미, 각 시도 메신저, ODT문서 편집기)을 다운 받아 사용할 수 있음.

2장

결코 어렵지 않은 NEIS

학생 이름과 번호, 시간표 입력 등은 어디서 할까? 학생 정보와 교육과정과 관련된 것들은 모두 나이스에서 이루어진다. 학기 초에는 학생 이름과 번호 파악, 기초 시간표 입력, 교육과정 내용을 등록한다. 학기 중에는 반별 시간표 수정, 학생 과정중심 평가 입력, 창의적 체험활동 입력 및 상담 내용 입력을 한다. 그리고 학기말에는 생활기록부 입력 및 출력, 출석 마감을 한다.

교육과정과 관련된 입력 뿐 아니라 교사의 복무와 관련하여 나이스에 접속하기도 한다. 첫 발령 후 얼마 지나지 않아 학교 도서담당자 출장 공문이 왔다. 내가 담당자여서 출장 날짜와 장소를 정확히 적어놓고는 있었지만 출장을 어떻게 제출하고, 결재 라인은 어디까지인지 몰라서 혼자 고민을 했다. 다행히 옆 반 선배 교사에게 물어서 출장을 제대로 신청을 하고 갔던 기억이 있다. 막상 해보면 아무것도 아닌 일인데 처음이라서 잘 모르고 어려웠던 것이다. 만약에 출장을 신청하지 않고 나갔다면 근무지 이탈에 해당 되었을 것이다. 항상 근무시간에 학교 밖을 나갈 일이 있을 때는 꼭 상황에 맞는 복무를 상신하고 결재가 완료된 다음 나가도록 하자.

나이스란 무엇일까?

· · ·

나이스란 교육과정 운영, 학적, 성적, 학생 생활, 학교생활기록부 등 학생 관련 기록과 교사의 복무 관리, 급여, 연말정산, 인사기록, 각종 업무처리 등을 할 수 있는 시스템이다. 경력있는 교사들도 나이스의 모든 기능을 파악하기는 힘들다. 여기에서는 담임교사가 꼭 알아야 할 나이스 기능들을 알아보도록 하겠다.

나이스 기본메뉴 살펴보기

· · ·

나이스 화면 왼쪽에는 기본 메뉴와 업무 메뉴 바가 있다. 기본 메뉴는 개인과 관련된 메뉴이고, 업무 메뉴는 각 업무 종류에 따른 작업을 할 수 있는 메뉴이다.

기본 메뉴는 승인사항과 나의 메뉴로 구성되어 있다.

승인사항은 내가 나이스에서 상신하거나 결재한 문서를 확인할 수 있는 메뉴이다. 승인사항 메뉴를 살펴보면 상신함, 미결/협조함, 공람함, 예결함, 기결함, 반려함, 메시지함이 있는데 신규선생님들이 주

NEIS 기본화면

로 확인해야 하는 메뉴는 상신함, 반려함이다. 먼저 상신함은 복무와 출장, 교육과정, 평가와 관련하여 내가 결재를 요청한 것들의 진행상황을 확인할 수 있는 메뉴이다. 보통 나이스 상의 결재는 본인-교감-교장, 혹은 본인-부장교사-교감-교장으로 이뤄지는데 상신 기간을 설정하면 그 기간 중 내가 상신한 기안의 결재가 누구까지 완료되었는지를 확인할 수 있다.

만약 급하게 결재가 필요한데 결재가 멈춰 있는 경우 정중하게 전화를 하여 결재 확인을 요청하는 것이 필요하다. 만약 출장이 예정되어 복무(출장)를 상신하여 교장 선생님의 결재가 완료되었는데 갑자기 출장이 취소되는 경우가 생길 수 있다. 이럴 때는 결재가 완료된 복무(기결)를 취소해야 하는데 상신함에서 해당 문서를 클릭한 후 기결문서취소를 클릭해 복무를 취소하면 된다. 이때 기결문서취소 사유에 '출장취소'등의 사유를 입력하고 다시 결재를 받으면 된다.

반려함은 반려된 문서를 확인할 수 있는 메뉴이다. 반려란, 내가 상신한 문서의 오류 및 각종 사유로 인해 결재자가 문서를 처리하지 않고 되돌려 주는 것을 의미한다. 내가 상신한 문서가 반려되었을 경우, 반려 사유를 정확히 확인하고 수정하여 상신하는 것이 중요하다.

나의 메뉴는 교사의 복무, 급여, 인사기록 등 개인과 관련된 메뉴이다. 나의 메뉴를 조금 더 상세히 알아보자.

◆ 복무

복무는 개인근무 상황신청, 초과근무 신청, 개인 출장관리 및 일일 근무상황 조회 등을 신청, 확인하는 메뉴이다. [복무]-[개인근무상황신청]에서 연가(외출, 조퇴, 지각), 병가(병조퇴, 병외출, 병지각), 공가, 41조 연수, 특별휴가, 근무지내 출장 등을 신청할 수 있다. 또한 사용 가능한 연가 일수, 사용일수, 잔여일수 등을 확인할 수 있다.

연가란 정신적·신체적 휴식을 취함으로써 근무능률을 유지하고 개인 생활의 편의를 위해서 사용할 수 있는 휴가이다. 연가를 사용할 때 수업에 대하여 결보강 등의 문제가 발생하므로 사전에 학교의 교무, 교감 선생님께 말씀드리고 연가를 신청하면 된다. 수업 및 교육활동 등을 고려하여 특별한 사유가 없는 한 수업일을 제외하여 실시하도록 한다. (인사실무 2022)

재직기간별 연가 일수는 아래 표를 참고하면 된다.

NEIS 근무상황신청

<2022. 재직기기간별 연가일수>

재직기간	연가일수	재직기간	연가일수
1개월이상 1년 미만	11일	4년이상 5년미만	17일
1년이상 2년미만	12일	5년이상 6년미만	20일
2년이상 3년미만	14일	6년 이상	21일
3년이상 4년미만	15일		

※ 해년마다 기준이 달라질 수 있으니 최신 교육공무원 인사실무 책자를 확인하자.

병가란 질병 또는 부상으로 직무를 수행할 수 없는 경우 또는 감염병에 걸려 다른 교직원, 학생들의 건강에 영향을 미칠 우려가 있을 때 부여 받는 휴가이다. 병가는 병지각, 병조퇴, 반일 병가, 병가로 구성되어 있으며 연가와 별개로 산정된다.

공가는 무엇일까? 교원이 일반국민의 자격으로 국가기관의 업무 수행에 협조하거나 법령상 의무의 이행이 필요한 경우에 부여받는 휴가이다. (건강검진, 결핵검진, 예비군훈련 참여 등)

특별휴가는 사회통념 및 관례상 특별한 사유가 있는 경우 부여받는 휴가이다. 경조사로 인한 특별휴가와 출산 휴가, 가족 돌봄 휴가, 육아시간, 모성보호시간 등이 있으며, 연가와 별개로 산출되고 각 휴가별 휴가 일수가 다르다.

다음으로 출장을 알아보자. 출장이란 상사의 명을 받아 공무를 수행하는 것이며 출장 명령권자인 소속기관장이 사안별로 공무와의 관

<2022년 기준 경조사별 휴가일수>

구분	대상	일수
결혼	본인	5
	자녀	1
출산	배우자	10
사망	배우자, 본인 및 배우자의 부모	5
	본인 및 배우자의 조부모·외조부모	3
	자녀와 그 자녀의 배우자	3
	본인 및 배우자의 형제·자매	1
입양	본인	20

련 여부와 학교 운영 등 제반 사정을 고려하여 명령하는 것이다. 출장은 근무지내 출장, 국내출장(관외), 국외출장으로 나뉜다.

근무지내 출장은 소속 학교와 같은 시·군·구 장소로 출장을 가는 경우이다. 예를 들어 목포**초등학교에서 목포시내의 장소로 출장을 가는 경우가 이에 해당한다.

국내출장(관외)은 소속학교와 다른 시·도나 다른 시·군·구 장소로 출장을 가는 경우이다. 목포**초등학교에서 광주광역시의 장소로 출장을 가는 경우가 이에 해당한다.

국외출장은 공무를 하기 위해 해외로 출장을 가는 경우이다. 국내출장(관외) 및 국외출장은 개인 출장 관리에서 신청한다. 출장 중 사용한 여비는 여비정산서를 행정실에 제출하면 소급하여 받을 수 있다.

연수에 대해서 알아보자. 연수는 41조 연수와 출장(연수)로 나뉜다. 교육공무원법 제41조의 규정에 의한 '연수기관 기관 및 근무 장소 이외에서의 연수'를 하게 될 경우 학교장의 사전승인을 받아서 사용하는 연수이다. 흔히 방학 중 출근하지 않는 기간에 41조 연수를 사용하는데, 나이스 상에서 사유 또는 용무에 연수의 내용을 정확히 기입해야 한다. 출장(연수)는 주로 대학원 수강 등 개인의 희망으로 연수를 받을 때 사용한다.

복무를 상신할 때는 각 학교별로 결재경로가 다를 수 있다. 각 학교마다 상황별 결재경로와 결재자를 정리한 위임전결규정이 있으니 복무를 상신하기 전 확인하여 상신하기를 권장한다.

다음 살펴볼 메뉴는 [복무]-[일일근무상황조회]이다. 이 메뉴에서는 날짜별로 우리 학교 교직원의 근무 상황을 조회할 수 있다.

여비 정산 신청서

소 속				직 급 (직위)		성 명	

출 장 일 정	일 시	20 년 월 일 ~ 20 년 월 일				
	출장지			출장근거	
				출장목적	

숙박비	상한액 또는 지급받은 선금		실제 소요액		초과지출 사 유	

식 비	지급받은 금액		실제 소요액		초과지출 사 유	

운 임	일 자	교통편	출발지	도착지	등 급	금 액

「공무원여비규정」제16조 제1항·제2항에 의하여 관계서류를 첨부하여 위와 같이 여비의
정산을 신청합니다.

첨 부 :

202 년 월 일

신 청 인 성 명   (인)

<여비정산신청서>

다음은 [복무]-[개인초과근무신청]이다. 말 그대로 야근 등 초과근
무를 할 때, 신청하는 메뉴이다. 초과근무는 사전 결재가 원칙이며 1
일 최대 4시간까지 신청할 수 있다. 식사 시간 등을 고려하여 신청 시
간보다 1시간 적게 산정된다. 그리고 휴일에 초과근무를 하는 경우
〈NEIS 초과근무신청〉 그림과 같이 휴일에 체크해야 한다. 휴일의 경
우 1시간 공제 없이 근무시간이 인정된다. 마지막으로 초과근무시 출
퇴근 기록이 초과근무수당 지급을 위한 근거자료로 사용되기 때문에
출퇴근 지문 등록이나 초과근무대장 수기 작성 등을 통해 출근 시간

236

<초과근무신청>

초과근무신청

※ 휴일에 체크하는 경우 초과근무 전일 18시 이전에 올려야 사전신청으로 인정됩니다.　　승인요청

※ 법정공휴일이 유연근무신청일자에 포함될 경우 반드시 휴일 체크를 하신뒤 시간 선택을 하시기 바랍니다.

초과근무일자	2022.08.13					일 반복여부	초과근무종별	시간외 근무 ∨
초과근무시간	☑ 휴일	09 ∨	00 ∨	~ 24 ∨	00 ∨		초과근무 시간합	04 시 00 분
겸임기관신청여부								
하여야 할 일								
공지사항								

<NEIS 초과근무신청>

과 퇴근 시간을 기록으로 남겨야 한다.

◆ 급여

직장인에게 가장 기다려지는 날은 월급날이다. [급여] 메뉴에서는 지급명세서와 연도별급여총지급현황을 조회할 수 있다. 보통 매달 급여일 4~5일 전부터 지급명세서 조회가 가능하다. 지급명세서를 통해 내가 받는 월급의 각 항목을 확인할 수 있다.

◆ 연말정산

매년 1월이 되면 연말정산을 해야 한다. 연말정산이 자칫 어려워 보일 수 있지만, 국세청 홈택스(https://www.hometax.go.kr)에서 내려 받은 자료를 연말정산 메뉴에서 업로드하면 간단하게 연말정산을 할 수 있다. 또한 국세청 자료에 없는 공제자료들을 직접 입력할 수도 있다.

◆ 인사기록

인사기록 메뉴에서는 기본적인 인사기록을 조회할 수 있다. 인사기록 기본사항에서는 근무사항, 학력, 연수, 포상, 연구 실적 등을 조회할 수 있다. 개인정보가 누락되거나 오류가 있는 경우 또는 개인정보에 변경사항이 생긴 경우 교육공무원 인사기록 정정 기간 중에 증빙서류를 제출하여 개인정보변경신청을 통해 수정할 수 있다.

◆ 원격업무지원서비스(EVPN)

퇴근 후 또는 방학 중 업무 처리를 하려면 학교에 가야 할까? 근무지(학교) 외 다른 장소에서 나이스, K-에듀파인, 학교회계를 접속하기 위한 메뉴를 원격업무지원서비스(EVPN)이라고 한다. 사전에 원격업무지원서비스를 신청하면 재택, 파견, 이동근무, 외부 출장, 장기연수 중일 때 원격으로 어디에서든지 업무처리가 가능하다.

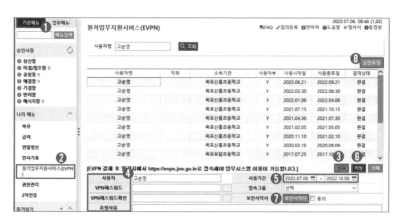

<NEIS 원격지원서비스>

원격업무지원서비스 신청 방법은 다음과 같다. [원격업무지원서비스]에서 [신규] 버튼을 클릭한다. 그리고 VPN 패스워드(인증서 비밀번호와 같아도 상관없음)와 요청사유를 입력한다. 다음으로 [보안서약서] 버튼을 클릭하여 보안서약서에 동의하고 저장 후 [승인요청]을 클릭하여 상신한다. 결재자의 결재가 완료되면 원격지원 서비스를 사용할 수 있게 된다.

원격지원 서비스에서 선생님이 알아야 할 점이 있다. 최대 사용기간은 최대 6개월임을 기억하고 서비스가 만료되기 전에 재신청을 해야 하며 VPN 접속 시 다른 인터넷 사이트를 사용할 수 없다는 점이다. 또한 패드워드는 최소 9자리 이상이어야 하며, ID와 동일하게 입력할 수 없음을 알고 사용하면 좋다.

나이스 업무메뉴 살펴보기

• • •

나이스 화면 위쪽에는 업무 메뉴가 있다. 담당 업무, 담임 여부에 따라 업무 메뉴 종류가 다르다. 학기 초 배정받은 업무에 따른 메뉴가 있는지 확인하고 메뉴가 보이지 않는다면 정보부장 선생님께 나이스 권한을 달라고 요청하면 된다. 이 장에서는 모든 업무 메뉴를 다루기보다 대부분 교사가 담임교사인 초등의 특성에 따라 담임교사가 업무를 처리하는 순서대로 업무 메뉴를 하나하나 알아보자.

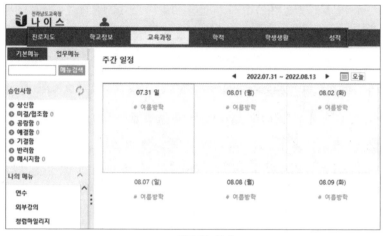

<NEIS 업무메뉴 화면>

◈ 교육과정

　[교육과정] 메뉴는 말 그대로 교육과정 편성, 운영과 관련된 메뉴이다. 세부 메뉴로는 [편제 및 교과], [학사일정관리], [시간표관리], [학교일지관리] 등이 있다. 여기에서 담임교사가 가장 많이 사용하는 메뉴는 [시간표관리]이다. [시간표관리]는 각 학급 교육과정에 따라 나이스에 반별 시간표 및 학습 내용을 입력할 수 있는 메뉴이다. [시간표관리] 메뉴를 하나 하나 살펴보자.

　[편제 및 교과], [학사일정관리], [학교일지관리] 메뉴는 대부분 각 학교에서 교육과정 담당자가 공통적으로 입력해 놓는 경우가 많으므로 편제 및 교과, 학사일정 관리 내용을 확인한 다음에는 [시간표관리]에 들어가서 입력을 해보자.

　[기초시간표관리]에서는 우리반의 기초시간표를 작성할 수 있다.

교육과정 운영의 기본이 되는 시간표를 기초시간표라고 한다. 예를 들어 월요일 1교시는 국어, 2교시는 수학과 같이 각 학급마다 정해진 시간표를 의미한다. 기초시간표를 설정하는 방법은 오른쪽 표에서 과목명을 클릭하여 원하는 시간으로 '드래그&드롭'하면 된다. 오른쪽 상단의 가져오기를 클릭하면 이전 학년도의 기초시간표를 가져올 수 있으니 처음이라 막막하다면 가져오기 기능을 활용하여 참고할 수도 있다. 기초시간표를 작성했다면 기초시간표 검증 및 반영에서 검증 및 반영을 한다.

<NEIS 기초시간표관리>

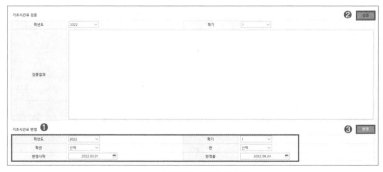

<NEIS 기초시간표 검증 및 반영>

▷ 기초시간표 반영

① 학년도, 학기, 학년, 반, 반영시작 일자, 반영끝 일자 입력을 입력

※학기 중 기초시간표를 수정은 수정해야 하는 시기부터 반영 시작 일자를 설정하면 이전 시간표를 수정하지 않아도 된다.

② 검증 ③ 반영: 설정 기간 동안의 반별 시간표가 생성

※기초 시간표 작성 및 반영은 학기 초에 하는 것이 좋다. 중간에 기간 설정을 한 학기 전체로 반영할 경우 그동안 내가 직접 입력해 놓은 시간표가 모두 삭제되기 때문이다.

[반별시간표]에서는 각 주별 시간표를 조회할 수 있으며, 기초시간표와 다르게 운영할 경우 반별 시간표 탭에서 시간표를 별도로 수정할 수 있다. 반별 시간표 윗부분에는 아래와 같은 표가 있다.

▷ 편제

① 1, 2학기 동안 수업해야 할 각 교과의 시수

② 1학기 반별 시간표에 반영된 시수

③ 2학기 반별시간표에 반영된 시수

시수 내역

과목	편제	시간표				편차	주간	과목	편제	시간표				편차	주간
		1	2	1	2					1	2	1	2		
행사정동(학사일정)	0	0	0	0	0	0	0	0	국어	95	95	0	83	0	0	4	0
즐기운생활	39	39	0	33	0	0	2	0	즐거운생활	①	②	③	④	⑤	⑥	⑦	⑧
봉사활동	2	2	0	1	0	0	0	0	진로활동	2	2	0	2	0	0	0	0

<NEIS 시수내역>

※반별시간표를 입력시 ②와 ③의 합이 ①이 되도록 한다.

④ 1학기 현재까지 주까지 반영된 시수

⑤ 2학기 현재까지 주까지 반영된 시수

※예시 자료는 1학기 18주차 시간표이므로 ②는 95시간 ④는 83시간으로 차이가 있고 ③과 ⑤는 0으로 표시되어 있다.

⑥ 편차: 반별시간표에 반영된 1, 2학기 시수로 (②+③)에서 편제된 시수(①)를 뺀 수

※예를 들어 국어 편차가 –3이라면 기준시수에서 3시간 부족, 편차가 4라면 기준시수에서 4시간을 더했다는 의미이다. 학기 말까지 시간표를 입력했을 때 편차가 0이 되어야 한다.

⑦ 1학기 해당 주에 반영된 시수

⑧ 2학기 해당 주에 반영된 시수

반별시간표 아랫부분은 아래와 같은 표가 있다. 기초시간표에서 반영한 대로 시간표가 자동으로 생성되지만 상황에 따라 시간표를 수정해야 하는 경우가 있다. 시간표를 수정할 때는 수정할 차시를 선택하고 마우스 오른쪽 버튼을 클릭하면 그림과 같이 과목과 교사를 수정할 수 있다. 교담 교사 수업인 경우, 다른 반과 중복되었을 경우 과목과 교사 이름이 분홍색으로 표시된다. 이럴 경우 실제로 수업한 시간을 확인하여 수정하면 된다. 그리고 갑작스러운 공휴일 및 학교장 재량휴업일을 지정할 때 [행사처리]버튼을 클릭하여 해당 시간을 행사나 휴일로 처리할 수 있다. 매주 반복되는 과목을 바꾸거나 담당교사 등을 변경해야 할 때 [일괄변경]을 활용하면 쉽게 변경할 수 있다.

◈ 학적

학적에서는 학생들의 개인신상 및 출결과 관련된 부분을 처리할 수 있다. [기본학적관리]에서는 [기본신상관리], [명렬표출력], [학생이동부] 조회 등이 가능하고 [기본신상관리]에서 변경된 주소를 누가 입력할 수 있다. [출결관리]에서는 학급 출결 관리를 할 수 있다. [출결관리]에서는 결석, 지각, 조퇴, 결과 등을 기록할 수 있으며 결석의 종류를 살펴보면 다음과 같다.

<NEIS 시간표 내역>

1) 질병(♡): 질병으로 인한 결석으로 결석계 및 병원 진료 증빙 서류가 있는 경우 질병 결석으로 처리한다.
2) 미인정(♥): 질병, 기타, 출석 인정이 아닌 모든 경우 미인정 결석으로 처리한다.
※미인정 결석이 연속 2일 이상 지속될 경우 학교장에게 보고해야 하며, 결석이 계속될 경우 유선 연락, 출석 독촉, 가정 방문, 내교 요청 등의 절차를 진행한다.

3) 기타(▲): 학교장이 인정하는 사유에 한히여 기타 결석으로 처리한다.

4) 출석인정(△): 천재지변 또는 법정 감염병으로 출석하지 못한 경우나 학교장의 허가를 받아 교외 체험학습 등으로 출석하지 못한 경우 출석 인정으로 처리한다.

[출결관리]-[출결 특기사항 등록]에서는 개근이나 결석 사유 등 출결 특기사항을 입력할 수 있다. 출결특기사항을 입력할 때는 비고 가져오기를 할 수 있는데, 여기서 비고란 [출결관리]-[비고등록]에서 입력한 지각, 조퇴, 결석 등의 사유를 말한다.

◈ 학생생활

[학생생활]은 창의적 체험활동과 행동특성 및 종합의견 등을 입력할 수 있는 메뉴이다. 창의적 체험활동은 자율활동, 동아리활동, 봉사활동, 진로활동, 안전한 생활, 학생부 자료기록으로 구성되어 있다. 이 메뉴에서는 창의적 체험활동의 누가기록 및 특기사항을 입력할 수 있다. 특히, 동아리활동은 부서 만들기, 부서배정, 누가기록 기준 등록, 출석관리를 완료해야 부서별 기록을 할 수 있으니, 누가기록 입력이 안 된다고 당황하지 말자. 그리고 자율활동, 동아리활동, 안전한 생활의 특기사항은 통합하여 입력되니 입력 시 이미 입력한 내용들이 삭제되지 않도록 주의해야 한다.

[학교스포츠클럽관리]-[학교스포츠클럽학생부자료기록]에서는 학

교스포츠클럽 활동 내용을 불러온 후 저장할 수 있다.

[학생부자료기록]에서는 위에서 입력한 자료를 조회, 가져오기, 저장할 수 있다. 동아리특기사항 입력내용은 [가져오기] 버튼을 클릭해서 학생부 자료기록에 포함할 수 있다. 학생부 자료기록에 저장된 자료가 학교생활기록부에 반영되니 모든 사항을 입력한 후 꼭 조회 및 저장을 해야 한다.

[행동특성 및 종합의견]에서는 학생별 행동특성 누가기록을 입력하고 행동특성 및 종합의견을 작성한다. 행동특성 및 종합의견은 학생의 학업 성취도, 학습 태도, 교우 관계, 인성, 특기·적성 등 학교생활 전반에 대한 담임교사의 의견으로 생활통지표나 학교생활기록부에서 학부모님들이 가장 관심 있게 보는 내용이다. 행동특성 및 종합의견은 누가기록을 바탕으로 학생을 총체적으로 이해할 수 있도록 문장으로 입력해야 한다. 종합의견 입력 시 단점보다는 장점을, 부정적인 표현보다는 긍정적인 표현 사용하여 입력하기를 추천한다. 그리고 학생의 성장을 위한 기록인 만큼 단점을 입력하는 경우에는 변화 가능성을 함께 입력하길 바란다.

◆ 성적

처음 담임을 맡았을 때, 성적 입력을 위해 [성적] 메뉴를 클릭했을 때, 아무것도 조회되지 않아 당황했던 기억이 있다. 성적 입력을 위해서는 다음의 과정을 거쳐야 한다. [선행작업]에서는 평가 계획에 따라 각 과목별, 영역별 성취기준, 평가요소, 평가 기준 입력 후 내부 결재를 받는다. 이 과정을 거쳐야 성적입력이 가능하다. [관찰내용관

<NEIS 관찰내용관리>

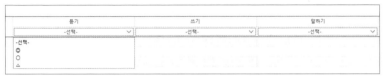

<NEIS 교과평가>

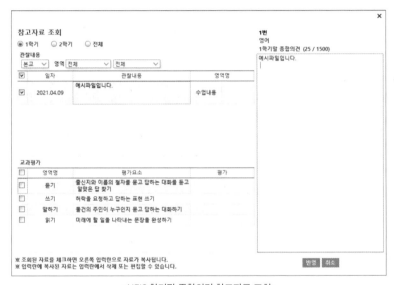

<NEIS 학기말 종합의견 참고자료 조회>

리]에서는 개인별, 교과별로 관찰내용기록이 가능하다. 평가를 포함한 수업의 전 과정에 수시로 관찰한 내용을 기록해둔 후 학기말 종합의견에 불러오는 것이 가능하다.

[학생평가]-[교과평가]에서는 그림과 같이 각 성취기준별로 상중하 또는 ◎○△와 같이 평가 결과를 입력한다. 평가 단계 및 평가 기준은 선행작업에서 설정한 내용이 반영된다.

교과평가 후에는 과목별 [학기말 종합의견]을 입력한다. 관찰기록과 교과평가를 참고하여 학생의 학업성취정도와 교과 학습 태도 등을 종합하여 학기말 종합의견을 입력한다. 관찰기록이 있는 학생은 이름 앞에 '*'표시가 생긴다. 참고자료 조회/가져오기를 통해 관찰기록의 내용을 가져올 수 있다.

[교과학습발달상황]에서는 학기말종합의견에서 작성한 내용을 반영 및 저장한다. 학교생활기록부에는 교과학습발달상황의 내용이 반영되기 때문에 이 과정이 꼭 필요하다. 교과학습발달상황을 저장할 학생을 선택한다. 저장할 학기를 선택한다. 학기말종합의견은 학기별로 입력되지만, 교과학습발달상황은 학기 구분 없이 입력되기 때문에 해당하는 학기를 선택해야 한다.

❶학생선택 ❷학기를 선택 ❸일괄저장의 순서대로 하면 모든 학생이 일괄 저장된다.

※2학기에 1, 2학기를 선택하고 저장하면 1, 2학기 내용이 모두 저장되지만 2학기만 선택하고 저장하면 1학기 내용이 삭제되고 2학기 내용만 남게 되므로 주의하기 바란다.

※교과학습발달상황에서 수정한 내용은 학기말종합의견에 반영되지 않는다. 학생의 성적 입력 시 수정할 사항이 있다면 학기말종합의견에서 수정 후 교과학습발달상황에서 다시 저장하기를 추천한다.

<NEIS 교과학습발달상황>

◈ 학생부

학생들의 학교생활기록부와 생활 통지표를 작성할 수 있는 메뉴이다. [학생부]-[학교생활기록부]에서는 앞서 입력한 자료를 반영하여 학교생활기록부를 생성할 수 있다. 자료 반영 후에는 자료 검증을 거치며, [생활통지표]-[종합일람표] 메뉴에서 종합일람표를 출력하여 점검할 수 있다. 학교생활기록부 마감은 학년 말에 실시한다.

[정정대장관리]는 이전 학년도 학교생활기록부 내용 중 오류가 있을 때 수정할 수 있는 메뉴이다. 이전 학년도 학교생활기록부에서 오류를 발견했을 경우 현재 담임교사가 정정대장을 작성하여 오류 내용을 정정하게 된다. 학교생활기록부 정정은 학업성적관리위원회 심의를 거쳐야 담당 선생님과 상의하며 진행한다. 그리고 학교생활기록부가 작성된 해당 년도의 학교생활기록부 기재요령을 기준으로 정정해야 한다. 학교생활기록부 기재요령은 매년 개정되니 해당 년도의 것을 참고하여 수정한다.

[생활통지표]에서는 생활통지표를 등록, 조회, 출력이 가능하다. 학교

별로 생활통지표 배부 여부, 기재 항목이 다를 수 있으니 확인하고 등록한다. 통지표는 학기별로 '반 마감'과 '생활통지표 마감'을 실시한다.

◆ 그 외 메뉴

지금까지 담임교사로서 사용하는 기본적인 메뉴들을 살펴보았다. 그 외 메뉴들을 간단히 소개하고자 한다. [체육]-[스포츠클럽 관리]에서 스포츠클럽 생성, 활동내역 입력이 가능하다. 스포츠클럽 활동 내용은 [학생생활]-[학교스포츠클럽관리]에서 '불러오기'하여 학생부에 입력한다. [학교정보공시]는 담당 업무에 따라 정보공시 시기와 자료가 다를 수 있다. 담당업무 중 정보공시 대상이 무엇인지 미리 파악할 필요가 있다.

[장학]-[업무통계및현황]-[상담업무(초)]에서 학생 및 학부모 상담 내용 기록 및 통계 조회가 가능하다. [교원능력개발평가]는 학생, 학부모의 교원능력평가를 위한 교육활동소개자료를 입력하고 평가 결과를 확인할 수 있다. 교원능력개발평가 관련 내용은 평가 기간에만 입력 및 조회가 가능하며, 교육활동소개자료는 매년 새롭게 작성해야 하기 때문에 자신을 소개할 수 있는 자료를 작성하여 매년 수정 보완하여 활용하는 것이 편리하다.

★ 교육과정-시간표 관리-학습내용 등록은 학년 선생님 중 1명이 입력하면 같은 학년의 모든 선생님이 함께 사용할 수 있다.

★ 반별 시간표를 수정할 때 반별시간표-일괄변경에서 수정하면 한 번에 수정할 수 있다. (반별 시간표 수정할 때, 변경을 원하는 기간을 지정하여 수정할 수도 있다.)

★ 학생생활 창의적 체험활동 내용을 누가 기록할 때는 먼저 반별시간표를 입력하고 출결을 관리한 후에 기록한다.(주간학습 가져오기가 가능하고, 결석자는 자동으로 누가기록 되지 않음.)

★ 성적-선행작업은 학년 선생님 중 1명이 입력하면 된다.

★ 학생부 마감에는 학교생활기록부 마감, 생활통지표 마감이 있다.

★ 학생부 반별 마감 버튼은 학생생활기록부-자료반영 오른쪽 상단에 있다.

★ 나이스 결재를 잘못 올렸을 때는 상신함에서 결재 상황을 확인해서 진행 중이면 회수하면 된다. 이미 결재가 완료된 상황이라면 기결문서취소를 하면 된다. 기결문서취소 결재라인은 처음 결재를 올렸던 것과 같다.

★ 나이스 작업에서 가장 중요한 것은 수시로 저장하는 습관이다.

업무능률을 올리기 위한
K-에듀파인 파헤치기

새학기가 시작하기 전에 전 교직원이 학교에 모여 업무분장을 한다. 그 해 교사가 맡은 업무와 관련된 공문은 K-에듀파인의 업무관리에서 확인하면 된다. 내가 신규 때 받은 업무는 자료와 도서였다. 학습자료를 구입하려면 교사들에게 자료 입력 양식(엑셀 파일)과, 물품 구입 책자를 배부한 후, 양식을 수합해서 품의를 올려야 했다. 그런데 처음이라 일처리 속도가 느려서인지 4월말이 되어서야 학습준비물이 도착해서 선생님들께 미안한 적이 있었다.

공문을 공람하는 것은 다른 교사가 나에게 할 때도 있고, 내가 다른 교사들에게 해야 할 때도 있다. 내 업무가 아니라서 공람된 문서를 중요하게 여기지 않고, 대충 훑어보고 넘어간 적이 많았다. 그런데 공람도 자세히 보면 학생들을 위한 글쓰기, 미술, 영상 만들기 대회 등 학생들을 위한 것도 있고, 교사를 위한 연수도 많이 안내되어 있었다. 몇 년 전에 행정실에서 전세자금 대출 관련 공문을 전교직원에게 공람 해두었는데 못보고 지나쳐서 피나는 절약정신으로 이자를 내며 몇 년을 산 적도 있다. 공람도 잘 확인해보자.

K-에듀파인은 생각보다 어렵지 않다. K-에듀파인 매뉴얼 습득보다 중요한 것은 업무 처리를 대하는 태도다. 업무는 혼자서 하는 것보다 협의를 통해 처리하는 것이 효과적이고 효율적이다.

K-에듀파인이란 무엇인가?

• • •

K-에듀파인은 기존의 에듀파인(행정업무) 업무관리시스템, 자료집계가 하나로 통합된 사이트이다. K-에듀파인에서는 업무관리, 지식관리, 학교회계, 서비스공통 총 4가지의 서비스를 이용할 수 있다.

업무포털 메인화면에서 K-에듀파인에 접속할 수 있고, URL주소 (https://klef.sje.go.kr)를 직접 입력해서 들어갈 수 있다.

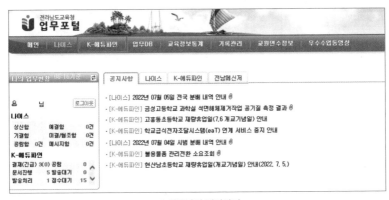

< K-에듀파인 메인화면>

K-에듀파인 메인화면 살펴보기

• • •

K-에듀파인 메뉴화면 구성

• [업무관리], [학교회계] 등의 업무 영역 선택(①)

• 학교 소속, 결재 공문, 공람, 문서진행, 메모, 메일 등 선택(②)

• 각 업무 메뉴의 하위 메뉴가 나타나는 부분(③)

• 공문 게시판(④)

• [공지사항], [자료실], [접수대기], [메일함] 등이 간략하게 제시됨(⑤)

※ [개인환경 설정]에서 노출되는 영역을 변경할 수 있다.

< K-에듀파인 기본화면>

K-에듀파인 업무관리 살펴보기 (공문서 작성 및 공문 접수)

• • •

공문서란 행정기관 또는 직무상 작성한 문서를 말한다. 학교는 거의 대부분의 공문서를 K에듀파인-업무관리에서 작성하고 보고한다. 업무관리에서 문서는 내부결재, 발송문서, 접수문서로 구분된다.

내부결재는 학교안에서 작성되어 학교장에게 보고하는 공문(선생님들이 업무를 추진하면서 학교 자체적으로 세우는 각종 계획, 가정으로 보내지는 안내문 등)이며, 발송문서는 학교장의 결재 후 교육청 또는 다른 행정기관으로 발송처리하는 공문이다. 접수문서는 교육청이나 타기관에서 보내온 내 담당업무 공문을 말한다.

◈ 공문 확인 및 접수하기

결재대기 공문을 확인하는 방법을 알아보자.

• [결재]를 선택(①)하면 화면(②)에서 접수대기 중인 공문을 확인할 수 있다.

[본문] 탭을 클릭(①) → 공문의 내용을 확인(②) → 첨부파일 확인(③)

※제출해야 할 양식이나 구체적인 시행계획 등은 첨부파일로 오기 때문에 첨부파일을 꼼꼼하게 살펴야한다.

외부에서 오는 공문은 안내, 신청, 제출로 나눌 수 있는데 안내 공문은 공람, 직접 안내 등의 방법으로 교직원에게 알려주면 되고 신청과 제출공문은 첨부파일의 내용을 작성하여 발신자에게 회신한다.

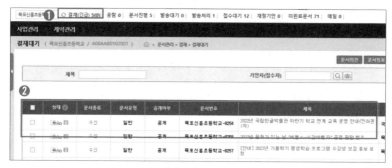

<결재대기 공문확인>

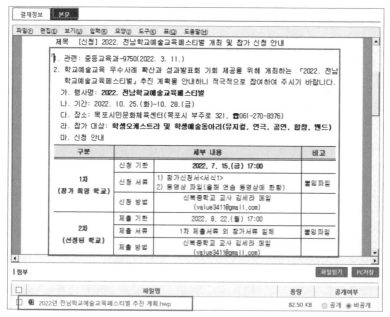

<공문내용 확인>

- [결재정보] 탭을 클릭(①)

- [과제카드]의 오른쪽 (🔍)을 클릭하여 공문의 유형에 맞는 과제
카드 선택(②)

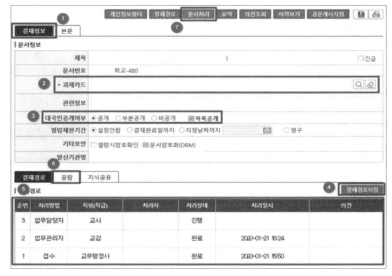

<공문 접수화면>

- [대국민공개여부]를 확인하여 체크(③)
- [결재경로지정]을 클릭하여 결재경로를 지정(④,⑤)
- 공문과 관련되어 확인이 필요한 교직원에게 공람 지정(⑥)
- [문서처리]를 클릭하여 공문을 공식적으로 접수하면 완료(⑦)

◈ 공람 알아보기

공람 지정하는 방법에 대해 알아보자. 공람은 사전적 의미로 '여러 사람이 봄. 또는 여러 사람이 보게 함.'의 뜻을 가지고 있으며, 공문의 내용과 관련 있는 직원이 해당 공문을 볼 수 있게 설정하는 작업이다.

[결재정보] 탭의 [문서정보] 하단의 [공람]을 선택하여 [공람지정]

<K-에듀파인:공람하기>

을 선택 (①)

공람이 필요한 교직원을 선택하여(②) 우측(③)으로 옮기고 확인(④)

공람이 완료되면 다른 교직원들도 공문을 확인할 수 있다. 그렇다면 다른 선생님이 공람해준 공문은 어떻게 확인할 수 있을까? K-에듀파인 메인화면 맨 위의 탭에 공람 또는 문서관리-공람-공람대기 탭을 클릭하여 들어가면 볼 수 있다. 선생님들께 필요한 연수나, 협조 공문을 공람했는데 확인 하지 않아 연수 및 다른 업무 협조 사항을 놓치는 경우가 있다. 항상 K-에듀파인에서 선생님께 공람된 문서를 확인하는 습관을 가져보자.

◆ 공문 작성하기
▷ 서식 선택하기

공문을 작성하여 결재 받는 것을 기안이라고 한다. 계획서, 각종 신청서 제출, 연수 계획, 가정통신문, 자료 신청 등 공적으로 이루어지는 행정업무는 모두 기안을 올려 결재 받아야 한다. 공문 기안은 거의 비슷하게 진행되기 때문에 한 번에 익혀 놓으면 내용만 수정하여 작성 가능하다.

문서관리-기안-공용서식을 선택한다. 이 때 결재 받을 사람에 따라

<K-에듀파인:공문서식 선택하기>

표준서식을 바꿔 사용해야 한다.

- K-에듀파인 상단에 있는 [문서관리] 선택.(①)
- 문서관리의 하위 탭에서 [기안]-[공용서식]을 선택(②)
- 「표준서식」 선택(③)

※보통 학교에서 4인 이상의 결재를 받아 사용하는 경우는 흔하지 않기 때문에 표준서식 4인, 협조 4인의 형식을 선택해서 기안문을 작성한다.

▷ 문서 정보 작성하기

- 제목을 입력함.(①)
- 과제카드의 오른쪽 (🔍)을 클릭하여 기안문에 맞는 과제를 선택함.(②)
- 대국민공개여부를 체크함.(③)
  - 공개: 작성한 공문 및 첨부파일 모두를 일반인이 조회하여 볼 수 있음.
  - 부분공개: 작성한 공문은 공개하되, 첨부파일은 공개하지 않음.

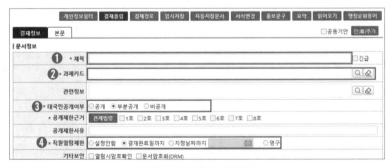

<K-에듀파인:문서정보 작성하기>

- 비공개: 작성한 공문 및 첨부파일을 모두 공개하지 않음.
  - 공문서나 첨부파일에 있는 개인정보가 유출되지 않도록 각별한 주의가 필요함.
  - 직원열람제한 여부(개인의 인사 정보 또는 민감 정보)를 확인하여 맞게 설정함.(④)

　공문 작성 시 대국민공개 여부가 굉장히 중요하다. 공문의 대국민 공개여부를 공개로 설정하면 모든 국민이(정보공개 포털)에서 별도의 절차 없이 원문 그대로 공문을 확인할 수 있다. 대국민 공개여부에서 공개제한의 근거는 1호~8호까지의 관계법령을 확인하여 체크할 수 있다.

　개인정보(학생이름, 주민등록번호, 계좌번호, 전화번호, 주소, 학부모 이름 등)가 들어가 있는 공문은 대국민공개여부에서 비공개로 체크하고 공개제한근거를 6호로 체크하면 된다.

　학교에서는 공개제한근거 중에 5, 6호를 많이 사용한다.

- 공개: 작성한 공문 및 첨부파일 모두를 일반인이 조회하여 볼 수 있음.
- 부분공개: 작성한 공문에는 민감한 정보 부분이 포함되어 있지 않지만, 첨부파일에 개인정보가 포함되어 있을 경우 첨부파일만 비공개로 설정.
- 비공개: 작성한 공문 및 첨부파일을 모두 공개하지 않음.
- 공문서나 첨부파일에 있는 개인정보가 유출되지 않도록 각별한 주의가 필요함.

▷ 기안문 본문 작성하기

```
   (경유)
   제목   [참석] K-에듀파인시스템 공문작성법 참석 안내

 1. 관련: 학교지원센터-1234(2020.1.3.)
 2. K-에듀파인시스템 공문작성법 교육 대상자를 다음과 같이 안내하오니 해당자가 참석할 수
    있도록 협조하여 주시기 바랍니다.
 ∨∨가. ∨일시: 2022.8.12.(금) 10:00~17:00
 ∨∨나. ∨장소: ○○○○도교육청(본관 2층) 컴퓨터실
 ∨∨다. ∨대상: [붙임] 참조
 ∨∨라. ∨교재: 당일 현장 배부
 ∨∨마. ∨기타
 ∨∨∨∨1) ∨개인용 GPKI인증서 지참
 ∨∨∨∨2) ∨교육장소의 주차공간이 협소하오니 가급적 대중교통 이용
 붙임 ∨∨K-에듀파인시스템 교육대상자 명단 1부. ∨∨끝.

            '본 공문은 교육지원청 및 해당초등학교에 동시 발송합니...
```

Shift+Tap을 쳐서 내어쓰기

첫째 항목 다음 항목부터는 바로 앞 항목의 위치로부터 2타씩 오른쪽에서 시작하기

본문 작성 시 유의사항
항목부호와 그 항목의 내용사이에는 다음 1타 띄우기
[붙임] 다음 2타 띄우기, [끝] 앞에 2타 띄우기

<기안문 본문 작성요령>

공문서의 일반적 표기법

• 관련 부분에서는 공문을 작성 근거가 되는 공문의 부서명과 번호, 날짜를 쓴다.

(쌍점(:)의 앞은 붙여 쓰고 뒤는 1타 띄어 씀)

• 내용 부분은 관련 공문의 제목을 참고하여 작성한다. 공문 작성 시 붙임 파일이 있는 경우 파일 추가 버튼을 눌러 추가 하고 공문의 내용에 붙임을 작성하면 된다.

• 날짜 및 시간 표시: 2022년 1월2일 → 2022.∨1.∨2.

- 올바른 예 → 2022. 8. 10.(수) 14:30~

- 잘못된 예 → 2022. 08. 10.(수) 오후 02시 30분

• 끝: 본문 내용의 마지막 글자에서 2타 띄우고 "끝" 표시

- 표의 마지막 칸까지 작성되는 경우 표 아래 왼쪽 한계 선에서 2타 띄우고 "끝" 표시
- 첨부물이 있으면 붙임 다음에 2타 띄우고 "끝" 표시
- 붙임: 첨부물의 내용을 표시. 위 그림 예시참조
- 별도 송부시 '별도송부'로 표시 또는 '별도 붙임', '따로 붙임', '따로 보냄'으로 써도 됨
- 한글 사용 [필요한 경우 한자,외국어를 괄호( ) 안에 나란히 적음]
- 숫자 표기: 아라비아로 표시(1234)
- 금액표시: 금액을 표시할 때에는 아라비아 숫자로 쓰되, 숫자 다음에 괄호를 하고 한글로 기재
- 올바른 예: 금113,560원(금일십일만삼천오백육십원)
- 잘못된 예: 금 113,560원(금일십일만삼천오백육십원), 금일십일만삼천오백육십원(113,560원)

▷ 결재경로 지정하기

[결재경로지정]을 선택하여 들어가면(①) [결재경로지정]팝업창이 열리게 된다.(②) 공문내용에 따라 결재를 받아야 할 대상이 달라지므로, 학교의 전결 규정 및 공문 내용을 잘 파악하고 결재선을 설정해 준다.(③) 결재선을 모두 지정한 뒤 확인 버튼을 누르면 된다.

보통 공문과 관련된 경로는 부장선생님, 교감선생님, 교장선생님 순으로 결재를 올린다. 중간에 다른 학년 및 행정실의 협조가 필요한 공문이면 해당자를 결재선에 포함하고 처리 방법에서 협조로 선택하면 된다.

<K-에듀파인:결재경로 지정하기>

▷ 수신자 지정하기

수신자 지정을 해야 하는 경우는?

운동회 계획서, 학급 체험학습 계획은 학교 안에서 이루어지는 작업이라 따로 수신자 지정을 안 해도 되지만 선생님이 맡은 업무 중 공문서를 교육청이나 다른 학교 등으로 보내야 하는 경우에는 수신자를 정확히 지정해야 원하는 곳으로 공문을 보낼 수 있다.

- [수신자 지정]을 클릭함.(①)
- [공용그룹]을 클릭함.(②)
- 공문서를 수신할 교육청 부서 또는 학교를 선택하고, >>를 클릭함.(③)
- 수신자가 지정되었는지 확인함.(④)

※전라남도○○교육지원청 체크 박스를 전체 체크 하게 되면 한

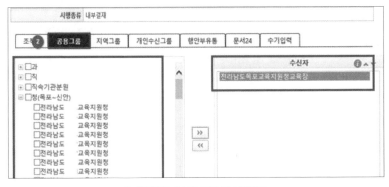

<K-에듀파인:수신자 지정 및 선택하기>

부서가 아닌 전체 부서로 공문서가 발송되니 보내야 하는 하위부서 (예: 교육지원과장, 행정지원과)를 확인하여 수신처를 지정한다.

　※수신자 지정에서 공용그룹에 해당하지 않는 경찰서, 주민센터, 소방서, 시·군·구청은 행안부유통을 통해 수신처를 입력한다.

　※수기입력은 보통 팩스 및 메일로 보내지는 공문인데 대상 및 장소가 공공기관이 아니라서 공문을 시스템상으로 보낼 수 없을때 사용된다. 수기입력으로 작성된 공문은 결재가 다 끝난 후 시행문 공문(학교장 직인이 찍힌 공문)을 팩스 또는 스캔 후 메일로 발송하면 된다.

자료집계

● ● ●

　K-에듀파인에서 많이 사용하는 기능 중 하나로 자료집계를 꼽을 수 있다. 자료집계는 교육청에서 단위학교마다 간단하게 수요를 조사하

<K-에듀파인:자료집계하기>

거나 자료를 받아야 할 때 사용하는 탭이다. 자료집계에는 수시로 많
은 문서들이 올라오기 때문에 업무 담당자는 되도록 자료 집계에 관
심을 가지고 자신이 보내야 하는 공문서는 없는지 확인하면 된다.

자료집계시스템 접속 방법은 다음과 같다.

• K-에듀파인의 [자료집계] 선택(①)

• [제출요청자료]를 클릭하여 자료명에서 나의 담당 집계자료를 확
인(②)

• 해당 집계자료 제목을 클릭하여 내용입력 창으로 들어감.(③)

자료집계 제출 방법의 종류는 다음과 같다.

종류	내용
바로제출형	작성한 자료가 별도의 결재 과정 없이 요청기관으로 바로 전송되는 형태

266

내부결재형	자료를 작성한 뒤에 [문서관리]-[자료집계/연계기안]에서 내부결재 과정을 거치면, 자료가 제출되는 형태
공문시행형	자료를 작성한 뒤에 [문서관리]-[자료집계/연계기안]에서 수신자를 지정한 공문발송 과정을 거치면, 자료가 제출되는 형태

K-에듀파인: 학교회계 살펴보기

• • •

K-에듀파인 안에서 예산편성, 품의 지출, 결산 등이 이루어진다. 이 중에서 교사들은 품의 작성, 검수를 주로 사용하게 된다. 학생들을 위한 물건을 사거나, 내가 가지고 있는 사업(업무)과 관련한 교육활동이 잘 이루어지도록 예산을 사용하고 운영하는 등 중요한 역할을 한다.

◈ 품의하기

품의라는 용어 자체가 낯설어 선생님들이 품의가 무엇인지 어떻게 올려야 하는지 모르는 경우가 많다. 품의란 나에게 책정되어 있는 예산을 어떻게 사용할지 계획한 후 공문서의 형태로 일반문서처럼 기안하여 올리는 문서 중 하나다. 하지만 우리가 했던 공문기안 작성과는 형식도 다르고 내용도, 결재선도 다르다. 품의할때는 사려고 하는 물건의 개수, 금액이 틀리지 않았는지 꼼꼼히 확인해야 한다.

품의 신청방법은 다음과 같다.

[K에듀파인-학교회계-업무메뉴-사업관리-사업담당-품의/정산-품의등록] 접속

<K-에듀파인: 학교회계>

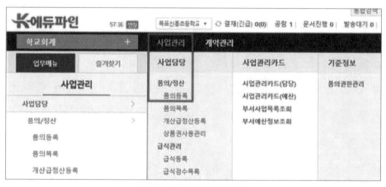

<K-에듀파인: 품의등록하기>

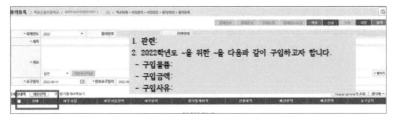

<K-에듀파인: 품의 본문 작성하기>

◈ 제목: 집행목적을 나타낼 수 있도록!

◈ 개요: 집행의 목적, 소요예산액, 세부내역을 간단하게 작성

    - 상세내용은 첨부파일로

    - 산출기초: 단가(원)×물량(명, 개, 부, 식 등)×횟수(월, 일, 회 등)

<K-에듀파인: 예산 선택하기>

K-에듀파인 화면에서 업무관리, 지식관리, 학교회계, 서비스공통 탭에서 학교회계 탭을 선택해서 들어간다.

학교회계 탭으로 들어가면 사업관리, 계약관리도 보이는데 품의를 하기 위해서 사업관리-사업담당-품의/정산탭에서 품의등록을 선택하여 들어간다.

품의등록을 클릭하면 바로 품의 내용을 입력하는 창이 뜬다. 품의서의 제목, 개요, 요구일자를 작성한다. 개요에는 기안을 작성하듯 1번에는 관련 공문(관련 근거), 2번은 내용(구입물품, 구입금액, 구입사유 등)을 입력한다.

• 예산목록을 클릭하여 들어가서 맡은 업무에 해당하는 예산 목록을 선택한다.

※ 예산이 조회되지 않는다면 행정실 업무담당자에게 예산 권한을 부여받아야 한다.

• 사용하려는 예산이 어떤 사업, 어떤 내역인지 확인 후 품의한다.

※사업예산에 따라 구입할 수 있는 물품이 정해져 있기 때문에 관리자나, 행정실에 문의해서 작성하는 것이 좋다.

<K-에듀파인: 품의항목 입력하기>

<K-에듀파인: 품의항목 엑셀파일로 입력하기>

<K-에듀파인: 품의등록하기>

• 지출하고자 하는 예산까지 선택했다면 이제 품목 내역을 입력할 차례다. 여기에는 실질적으로 구입하는 물품, 규격, 수량, 예상단가를 적는다. 예상단가를 작성하면 예상 금액 및 요구 금액, 예산 잔액이

자동으로 입력된다. 품목별로 한 줄씩 작성하고 다음 품목을 추가하려면 행 추가, 작성했던 행을 삭제하려면 행 삭제를 누르면 된다.

• 입력하고자 하는 내역이 10가지 이상이 된다면 엑셀파일로 업로드 하는 방법이 있다. 품목내역 버튼 중에 '엑셀서식', '파일' 표시를 누르고 들어가면 위와 같은 창이 뜬다. 엑셀 서식 파일을 다운받아서 사용하면 편하게 많은 품목내역을 업로드 할 수 있다.

• 품의 항목을 전부 입력했으면 품의를 등록한다.

• 저장 버튼을 눌러야 결재요청 탭이 활성화 되어 품의기안을 올릴 수 있다.

※품의 집행의 내용에 따라 다른 부서 및 행정실의 협조를 넣어 문서를 올리면 되는데 예 산과 관련된 모든 문서는 행정실의 협조를 받아서 올리면 된다.

품의등록 꿀tip

품의 기안을 올리면서 가장 많이 하는 실수가 '배송비'다. 품의를 올릴 때 배송비를 제외하고 품의를 올리는 경우가 있는데 확인 후 배송비까지 행 추가해서 올려주면 된다.

또 정확한 가격을 모르고 물품을 구입 할 때는 예상하는 가격보다 더 높은 가격으로 품의를 작성하면 된다. 품의한 금액보다 물건이 더 비싸면 구매가 불가능해서 품의를 다시 올려야 하는 번거로움이 있지만, 더 싼 것은 크게 상관이 없다. 품의 금액과 결제 금액이 꼭 똑같을 필요는 없다. 품의 방식은 학교마다 조금씩 다를 수 있으니 관리자나 행정실에 미리 문의한 후에 품의해도 좋다. 선생님이 품의한 기안이 최종결재자까지 결재 되면 이제 물건을 살 수 있다는 뜻이다.

간혹 품의 결재가 다 끝나지 않았는데 구입하는 경우를 볼 수 있다. 모든 결재가 끝난 후 물건을 구입할 수 있음을 기억하자. 결재가 다 끝났다면 이제 물품을 구매하면 된다. 요즘은 학교마다 쇼핑몰별로 아이디가 있어서 장바구니에 선생님이 물건을 담아두고 행정실 담당 주무관께 알려주면 물건을 구입해주신다. 선생님이 직접 가서 물품을 보고 사고 싶은 경우에는 행정실에 말씀드리고 카드를 받아 직접 구입해도 된다. 이때 꼭 선생님이 챙겨야 하는 문서는 거래내역서와 카드전표(명세서)이다.

◆ 품의 수정 및 삭제하기

입력하는 중간에 작성하던 품의 기안이 갑자기 사라지는 경우가 종종 있다. 이 경우 사라진 기안문은 학교회계-사업관리-품의목록에서 확인하거나, 품의등록 위쪽 목록을 눌러 확인가능하다. 이 방법은 내가 기안하던 문서가 진행상태일 때만 할 수 있다.

만약 목록을 봤는데 선생님이 작성한 품의가 결재요청 상태라면 이미 문서가 결재단계로 넘어간 상태이기 때문에 학교 회계 탭에서 처리할 수 없고 수정도 불가능하다. 이럴 때는 기안문을 작성할 때와 마찬가지로 업무관리 탭으로 들어가면 확인할 수 있다. 문서관리-기안-재정기안에 들어가면 품의한 내용이 저장되어 있다. 여기서 다시 결재를 올리면 된다.

이미 결재를 올렸는데 수정할 부분이 생기는 경우가 종종 있다. 이럴 때는 일반기안문서와 마찬가지로 문서를 회수하고 다시 처리하면

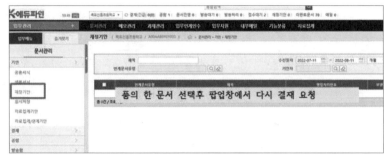

<K-에듀파인: 품의수정하기>

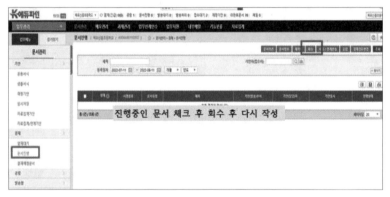

<K-에듀파인: 품의 삭제하기>

된다.

　업무관리-결재-문서진행 창에서 재정문서를 회수하고 재작성을 누르면 수정 없이 결재경로나, 과제카드만 변경 후 다시 올릴 수 있도 삭제/연계반송을 누르면 학교회계-사업관리-품의목록에서 내용을 수정할 수 있다.

　※ 품의목록에서 보이는 문서 상태에 따라 저장중인지 결재단계로

넘어갔는지 확인 할 수 있다.

품의는 매일 새롭게 작성해야 하나?

이전에 작성된 품의를 복사·수정해서 사용 가능하다.

[K에듀파인-학교회계-사업관리-사업담당-품의/정산-품의등록] 접속 후
조회

4장

처음 시작하는 교사를 위한 업무 꿀tip 10

지역에 따라 다르겠지만, 발령 첫해부터 학년 부장을 하거나 2년 차 때 업무 부장을 맡는 경우가 종종 있다. 그리고 학교 현장에서 우리는 언제든지 해보지 않았던 일을 맡게 될 수 있다. 누구에게나 처음은 어려운 법이다. 그래서 새로운 업무를 맡게 되었을 때나 평소에 업무를 처리할 때 유용한 꿀팁을 소개한다.

개인환경 설정을 수정하자

• • •

K-에듀파인 우측 상단의 [개인환경설정]-[개인정보 관리]에서 개인정보를 관리할 수 있는데, 개인정보 관리]에서 전화번호를 입력하면, 기안문 하단에 전화번호가 자동으로 입력되어 편리하게 사용 할 수 있다. 단 학교 이동이 있을 때 전화번호를 반드시 수정해야 한다.

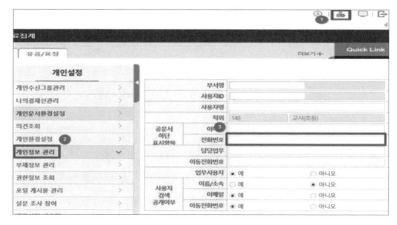

<K-에듀파인: 개인환경 설정하기>

그렇지 않으면 전 소속 학교로 전화가 올 수 있으니 꼭 타 학교 발령 시 전화번호는 반드시 수정해야 한다.

나만의 공람 그룹 만들어보자

• • •

선생님이 공문을 매일 한 명씩 선택해서 공람하는 것은 매우 번거로운 일이다. 학기 초에 나만의 공람 그룹을 만들어두면 1년이 편리하다.

① K에듀파인의 개인설정-개인수신그룹관리에 들어간다.

② 개인수신그룹등록-신규창에서 평소 자주 공람하는 선생님 목록을 확인하여 만든다.

③ 수신그룹명은 내가 알아보기 쉽게 만든다. (예: 교사, 행정실, 부장

교사, 학년부장 등)

K-에듀파인으로 지난 기안문을 확인해보자

● ● ●

먼저 K-에듀파인으로 들어간 후 문서관리 탭에서 문서등록대장으로 들어가서 제목에 찾고자 하는 공문 내용을 쓰고 등록일자를 수정해도 되는데 그러면 불필요한 공문들이 많이 나온다. 우선 문서등록대장에 들어가서 오른쪽에 보면 펼치기 탭이 보인다.

기안(접수)자에 선생님 이전에 업무를 맡으셨던 선생님의 이름을 입력하고 기안(접수)일자를 찾고자 하는 연도 기준으로 설정한다.

<K-에듀파인: 지난 기안문 확인하기>

K-에듀파인 결재는?

● ● ●

(결재, 전결, 대결은 학교의 위임전결규정에 따르는데 각 학교별로 차이가 있다.)

결재경로란 선생님이 기안한 문서를 최종 승인하기까지의 검토, 협조, 결재자를 의미한다. 대체적으로 검토자는 부장교사(학년부장) 또는 교감이며 최종 결재자는 교장이다. 위임전결규정과 상황에 따라 최종 결재자가 달라지기도 한다. 예산과 관련된 기안을 할 때는 협조자에 행정실장을 지정하는 것이 일반적이다.

전결과 대결은?

∙ ∙ ∙

학교의 위임전결규정에 따라 전결자가 결정된다. 그 전결자가 최종결재자가 되는 것이다. 전결은 학교장으로부터 결재권을 위임 받은 사람이 의사 결정을 하는 것이다. (업무에 따라 전결권자가 부장교사나 교감이 될 수도 있다.)

대결은 결재권자가 휴가, 출장, 연수 등으로 부재시 대리 결재자를 지정하여 결재하는 것을 말한다.

학교의 관리자에게 자문을 구하자

∙ ∙ ∙

교감·교장 선생님은 계획서나 보고서를 보고 결재만 해주는 사람들이 아니다. 대부분 학교의 가장 선배 교사로서, 최선을 다해 학교를 경영하고 관리하려는 사람들이다. 그래서 교감·교장 선생님은 의견을 묻고 조언을 구하려는 교사를 절대 내치지 않는다. 업무를 열심히 하는 만큼 학교는 원활하게 운영될 수 있으니 교사를 위해 적극적으로 자문위원 역할에 나서줄 것이다. 특히 교장 선생님은 학교 경영에 대한 결정권을 갖고 있다. 결정권자로서 신중히 검토하고 고민한 끝에 교사에게 건네는 조언은 업무를 진행하는 데 큰 도움이 된다.

지침서를 자주 활용하자

• • •

막상 해보면 학교 업무 중에서 수행하지 못할 정도로 어려운 것은 거의 없다. 다만 업무의 분야가 매우 다양하고 근무하는 학교의 규모나 위치에 따라 현장의 상황이 달라서 학교 업무는 매번 새롭다. 그래서 많은 교사가 업무를 할 때 긴장하며 어려움에 부딪히기도 한다. 이런 어려움을 해결하는 방법으로 지침서를 자주 참고하기를 권한다. 지침서에는 1년 동안 무엇을, 언제, 어떻게 해야 하는지 가장 기본적인 내용이 담겨 있다.

물론 지침서는 그 양이 너무 많아서 필요한 내용을 확인하는 데 시간이 많이 소요된다는 단점도 있지만, 어렵다고 생각했던 업무를 쉽고 정확하게 해결할 수 있는 도구임이 분명하다. 지침서를 활용하여 업무를 하나씩 해나가다 보면 처음에는 어려웠던 업무를 끝내 모두 해결한 자신을 만나게 될 것이다.

<K-에듀파인: 업무DB>

업무DB를 활용하자

• • •

업무포털 메인화면 나이스, K-에듀파인 다음으로 많이 사용하는 탭이 업무DB이다. 각 시도 교육청마다 제공하는 서비스가 다르겠지만 기본적으로 업무DB를 활용하면 업무와 관련된 여러 가지 자료를 참고할 수 있다.

선배 교사들에게 적극적으로 다가가자

• • •

선배 교사들은 나와 같은 신규교사의 시절을 미리 경험한 사람들이다. 이들 중에는 내가 지금 하는 일과 똑같은 업무를 비슷한 시기에 맡아서 해본 사람도 있고, 내가 맡은 일을 해본 적은 없지만 다양한 업무 경험을 토대로 무슨 일이든 효과적으로 해내는 사람도 있다.

그러나 모든 선배 교사가 경험이 많다고 하여 신규교사의 입장이나 마음을 자동으로 이해하기는 어렵다. 따라서 신규교사의 입장이라면 선배 교사들에게 적극적으로 다가가기를 권한다. 업무와 관련한 이야기가 아닌 사담을 나누는 것도 좋다. 선배 교사들과 나누는 여러 가지 이야기들 속에서 자연스럽게 당신의 어려움이 드러나고 좋은 해결방법을 배우게 될 것이다.

좋은 관계를 유지하자

• • •

학교에서 행정실, 교무실, 급식실 등의 교직원의 역할은 서로 다르다. 학교에서 업무를 성공적으로 수행하기 위해서는 교직원들의 협조가 매우 중요하다. 서로의 도움이 필요한 업무를 진행할 때는 충분히 의사소통해야 한다. 도움의 요청이 왔을 때는 먼저 나서서 적극적으로 도와주자. 교직원들과 서로 협력하며 좋은 관계를 유지하고 있는 것만으로도 업무 부담을 줄일 수 있다.

처음 시작하는 초등 교사
학교생활 가이드북

초판 1쇄 인쇄 2022년 12월 1일
초판 1쇄 발행 2022년 12월 15일

지은이 전문적 학습공동체 신·명·나
펴낸이 하인숙

기획총괄 김현종
편집 백상웅
디자인 김정연

펴낸곳 더블북
출판등록 2009년 4월 13일 제2022-000052호
주소 서울시 양천구 목동서로 77 현대월드타워 1713호
전화 02-2061-0765 팩스 02-2061-0766
블로그 https://blog.naver.com/doublebook
인스타그램 @doublebook_pub
포스트 post.naver.com/doublebook
페이스북 www.facebook.com/doublebook1
이메일 doublebook@naver.com

ⓒ 전문적 학습공동체 신·명·나 2022
ISBN 979-11-980774-2-4 (03370)